“十四五”时期国家重点出版物出版专项规划项目
国家科学技术学术著作出版基金资助出版
新一代人工智能理论、技术及应用丛书

个性化查询推荐方法

陈洪辉　蔡　飞　蒋丹阳　陈皖玉　著

科学出版社
北　京

内 容 简 介

本书围绕信息检索中的个性化查询推荐方法展开，描述个性化查询推荐的研究背景、问题概述、模型构建、实验设计和结果分析。在此框架指导下，详细阐述基于用户行为分析的个性化查询推荐、基于多样化和个性化相结合的查询推荐、基于查询词时敏特征的个性化查询推荐、地理位置敏感的个性化查询推荐、基于用户主题兴趣的个性化查询推荐等理论方法。

本书可供信息检索、信息推荐等相关专业人士、学者参考借鉴，也可供高等院校和科研院所计算机科学与技术、信息系统工程等相关专业的本科生、研究生学习。

图书在版编目（CIP）数据

个性化查询推荐方法 / 陈洪辉等著. --北京 ：科学出版社，2025. 1. --（新一代人工智能理论、技术及应用丛书）. -- ISBN 978-7-03-081214-8

Ⅰ. G254.97

中国国家版本馆 CIP 数据核字第 2025EV4980 号

责任编辑：张艳芬　徐京瑶 / 责任校对：崔向琳
责任印制：师艳茹 / 封面设计：陈　敬

科学出版社出版
北京东黄城根北街 16 号
邮政编码：100717
http://www.sciencep.com
北京建宏印刷有限公司印刷
科学出版社发行　各地新华书店经销
*
2025 年 1 月第　一　版　开本：720×1000　1/16
2025 年 1 月第一次印刷　印张：10 1/4
字数：207 000

定价：120.00 元

（如有印装质量问题，我社负责调换）

“新一代人工智能理论、技术及应用丛书”序

科学技术发展的历史就是一部不断模拟和扩展人类能力的历史。按照人类能力复杂的程度和科技发展成熟的程度，科学技术最早聚焦于模拟和扩展人类的体质能力，这就是从古代就启动的材料科学技术。在此基础上，模拟和扩展人类的体力能力是近代才蓬勃兴起的能量科学技术。有了上述的成就做基础，科学技术便进展到模拟和扩展人类的智力能力。这便是 20 世纪中叶迅速崛起的现代信息科学技术，包括它的高端产物——智能科学技术。

人工智能，是以自然智能(特别是人类智能)为原型、以扩展人类的智能为目的、以相关的现代科学技术为手段而发展起来的一门科学技术。这是有史以来科学技术最高级、最复杂、最精彩、最有意义的篇章。人工智能对于人类进步和人类社会发展的重要性，已是不言而喻。

有鉴于此，世界各主要国家都高度重视人工智能的发展，纷纷把发展人工智能作为战略国策。越来越多的国家也在陆续跟进。可以预料，人工智能的发展和应用必将成为推动世界发展和改变世界面貌的世纪大潮。

我国的人工智能研究与应用，已经获得可喜的发展与长足的进步：涌现了一批具有世界水平的理论研究成果，造就了一批朝气蓬勃的龙头企业，培育了大批富有创新意识和创新能力的人才，实现了越来越多的实际应用，为公众提供了越来越好、越来越多的人工智能惠益。我国的人工智能事业正在开足马力，向世界强国的目标努力奋进。

“新一代人工智能理论、技术及应用丛书”是科学出版社在长期跟踪我国科技发展前沿、广泛征求专家意见的基础上，经过长期考察、反复论证后组织出版的。人工智能是众多学科交叉互促的结晶，因此丛书高度重视与人工智能紧密交叉的相关学科的优秀研究成果，包括脑神经科学、认知科学、信息科学、逻辑科学、数学、人文科学、人类学、社会学和哲学等学科的研究成果。特别鼓励创造性的研究成果，着重出版我国的人工智能创新著作，同时介绍一些优秀的国外人工智能成果。

尤其值得注意的是，我们所处的时代是工业时代向信息时代转变的时代，也是传统科学向信息科学转变的时代，是传统科学的科学观和方法论向信息科学的科学观和方法论转变的时代。因此，丛书将以极大的热情期待与欢迎具有开创性的跨越时代的科学研究成果。

“新一代人工智能理论、技术及应用丛书”是一个开放的出版平台，将长期为我国人工智能的发展提供交流平台和出版服务。我们相信，这个正在朝着“两个一百年”奋斗目标奋力前进的英雄时代，必将是一个人才辈出百业繁荣的时代。

希望这套丛书的出版，能给我国一代又一代科技工作者不断为人工智能的发展做出引领性的积极贡献带来一些启迪和帮助。

李衍达

前　言

在 Web 2.0 时代，多样化的信息获取和传播方式使得信息资源以指数式增长。对于人类而言，大脑对信息的存储和处理是有限的，信息过载现象日益严峻。根据数据库管理系统公司 BaseX 统计，2007 年美国工业界由信息过载导致的成本损耗达到了 6.5 亿美元，而 2008 年这一数值攀升到了 9 亿美元。从海量的信息资源中获取与自身相适用的信息数据一直是实践应用中亟待解决的问题。

面对此类信息挑战，为用户提供个性化信息资源的推荐系统逐渐成为推荐方法，尤其在以 GPU 为标志的算力时代。它利用深度学习技术实现用户个性化建模，挖掘用户与信息资源的相关性，高效地为用户提供匹配的信息资源。然而，用户的信息需求往往无法准确表达，使得推荐系统成了无源之水，无本之木。一方面，由于系统的专业性，例如 SQL 数据库系统，系统输入必须遵循着严格的 SQL 语法规则，才可以提供相关数据条目。另一方面，由于用户的大众随机性，其输入的查询短语通常由多样、短小且模糊的词语组成。因此，为用户提供更加准确的查询推荐列表就显得尤为重要。

本书旨在构建一条连接用户模糊输入和精确意图的桥梁。通过解析模糊查询词的语义意图，分析检索历史中的用户特征，利用相关推荐理论构建用户个性化查询推荐模型。近年来，作者团队对个性化查询推荐问题做了充足完善的理论分析，并通过大量实验分析进行验证。为了系统全面地阐述个性化查询推荐技术，本书对这些理论结果和实验分析做了进一步精炼和整理。全书共 9 章，主要内容如下。

第 1 章绪论。介绍本书的研究问题和主要贡献。

第 2 章基于用户行为分析的个性化查询推荐方法。介绍如何利用概率图模型实现用户长短期查询行为的建模，从而实现个性化查询推荐。

第 3 章基于多样化和个性化相结合的查询推荐方法。介绍如何挖掘并整合用户查询的多样化和个性化特征。

第 4 章基于查询词时敏特征的个性化查询推荐方法。介绍如何将查询词词频的周期性和非周期性特征融入用户的个性化查询推荐建模。

第 5 章地理位置敏感的个性化查询推荐方法。介绍如何将用户的地理位置偏好加入用户的个性化查询推荐建模。

第 6 章基于用户主题兴趣的个性化查询推荐方法。介绍如何利用用户的主题兴趣解决用户个性化查询推荐中的数据稀疏性问题。

第 7 章面向复杂检索任务的个性化查询推荐方法。介绍如何利用用户检索历史中的分层结构特征，解决用户个性化查询推荐中的复杂检索任务。

第 8 章基于神经网络的个性化查询推荐方法。介绍如何利用神经网络实现用户个性化查询推荐的深度建模。

第 9 章总结与展望。总结了本书的研究成果并提出研究展望。

本书是国防科技大学系统工程学院信息系统工程重点实验室众多科研人员多年学习、研究沉淀的成果。陈洪辉负责全书的内容组织与统稿，蔡飞、蒋丹阳、陈皖玉结合自己的科研工作和学术研究成果撰写了主要章节。凌艳香、张鑫、宋城宇、江苗、王梦如也在书稿编写中提供了很多帮助。本书对于信息检索、信息推荐等领域的相关专业人士、学者，以及用户都有帮助，不仅有助于理解用户个性化查询推荐的具体任务形式，也可以为用户个性化查询推荐实践应用提供相关理论指导。

在这个信息瞬息万变、快速发展的时代，个性化查询推荐技术的发展并非一成不变。本书介绍的相关技术理论仅仅代表近几年作者团队对于个性化查询推荐任务的研究和分析。

限于作者水平，书中难免存在不妥之处，敬请读者批评指正。

陈洪辉

目　录

第 1 章　绪　论

查询推荐可以辅助用户构造一个好的查询词，尽可能获得满意的查询结果，从而获得高效的信息服务。查询推荐技术能根据搜索引擎中的查询记录对用户输入的查询词进行分析，获取用户的查询意图，从而给用户推荐一个更好的查询词，帮助用户获得更准确的查询结果。个性化的查询推荐是一个以用户为中心，针对不同用户个性需求与行为的信息服务，因此具有用户定向和资源定向的特点。区别于传统的查询推荐，个性化的查询推荐要求以用户为中心，对用户的行为和个性化的信息需求进行挖掘。这也是信息检索技术提高服务质量的关键和必然选择[1-7]。

查询推荐是实现高效信息检索的重要途径。随着搜索引擎用户数量和网络内容以指数规模迅速增加，形成信息爆炸现象，导致用户使用搜索引擎检索信息的过程中出现信息过载和信息迷航等问题。信息过载是指由于查询者自身知识结构和认知能力等条件限制，以及网络提供的信息具有杂乱性和延展性等特点，用户不能够准确理解和精确获取网页信息[8-13]。信息迷航是指查询者在搜索结果的众多页面信息中，无法确定自己在这些页面信息中的当前位置，因此无法进入目标内容页面，甚至忘记搜索目标的一种现象。查询推荐系统可以帮助搜索引擎从被动接受用户输入查询词到主动理解用户搜索意图，从而实现对用户的主动信息服务。

当用户提交的查询词能够准确地反映用户查询意图时，搜索引擎能够返回一组较好的检索结果；相反，如果提交的查询词较模糊，则不能从搜索引擎精准获得用户需要的信息。对于某个领域的专家或者对自己的信息需求有较好理解和掌握的用户来说，构造一个准确的查询词并不是什么难事。但是，大部分用户并非领域专家，甚至对自己的信息需求也不是很清楚，因此用户很有可能无法准确构造一个好的查询词，只能获得低效的信息服务。

随着信息技术的飞速发展和互联网技术的全面普及，网络环境包含的信息数量巨大，并且鱼龙混杂、良莠不齐，因此如何从海量的数据中高效获取有用信息，如何提高查询推荐的准确度，是基于网络的信息检索服务面临的挑战。此外，不同用户即使输入相同的查询词，他们期望的检索结果也不尽相同，向所有用户推荐同样的查询结果已不能满足各类用户的信息需求。因此，个性化的查询推荐服务将成为未来发展的主流趋势。信息系统以单一形式向用户提供系统拥有的全部信息，而不关注用户的信息需求和个人偏好，会造成用户不得不接收强制推送的信息。在这些强制推送的信息中，有的与当前用户的查询意图相关，有的则毫不相关，用户需要自行在其中筛选所需的信息，不但消耗大量的时间和人力，而且容易造成信息获取的冗余或遗漏。个性化的查询推荐方法则可以通过对用户偏好信息的挖掘，为用户提供更加精准的信息服务[14-20]。

本书主要从查询词的个性化推荐和查询词自动补全两个方面介绍个性化查询推荐(query auto-completion，QAC)。针对查询词的推荐，本书介绍基于概率图模型的 QAC 方法、将多样化和个性化相结合的查询推荐方法；针对查询词自动补全任务，以用户数据挖掘和排序模型构建为关键技术，围绕精准信息服务中查询推荐研究的理论与技术问题，分别从时间敏感特征、地理位置偏好、用户主题兴趣、检索任务分析、神经网络应用五个方面开展深入的研究，并介绍相应的方法。

1.1 研究概述与研究问题

本书主要的研究目标是提高信息检索中查询推荐的准确性，提高用户使用的满意度。围绕这个目标，本书主要介绍信息检索领域个性化查询推荐的相关理论和技术方法。

首先，将用户的查询记录按照查询会话的先后分为长期查询记录和短期查询记录。不同的查询记录在个性化查询推荐中具有不同的贡献，通过对用户长短期行为的建模，可以更好地挖掘特定用户的查询历史。我们利用贝叶斯概率矩阵分解(Bayesian probabilistic matrix factorization，BPMF)和最大期望(expectation-maximization，EM)算法对用户-查询的偏好矩阵去稀疏化，通过其中的数据缺失项进行预测，用得到的用户-查询偏好矩阵来描述用户和查询、查询和查询之间的相关度。同时，考虑用户的点击行为、查询位置间隔等因素，构建基于用户行为分析的个性化查询推荐方法。具体来说，本书主要通过建模分析，回答以下研究问题。

(1) 基于用户行为分析的个性化查询推荐模型较现有的方法，是否能够提高查询推荐的性能?

(2) 在基于用户行为分析的个性化查询推荐模型中，用户的长期查询行为和短期查询行为对模型的影响如何，即模型中参数的变化对模型有何影响?

(3) 在基于用户行为分析的个性化查询推荐模型中，用户的行为因素和输入的查询因素对模型有什么影响，即模型中参数的变化对模型有何影响?

实验结果表明，基于用户行为分析的个性化查询推荐模型可以实现对用户长短期行为的有效建模，并显著提高查询推荐的准确性。

基于用户行为分析的个性化查询推荐模型，本书进一步考虑多样化因素。

多样化能够尽可能地扩大查询推荐列表的主题，满足用户在多种不同情况下可能的信息需求，提高推荐列表被用户点击的可能性。个性化旨在针对特定的用户进行兴趣爱好的分析，基于该用户的兴趣爱好进行查询推荐，提高查询推荐列表的准确率，即提高排在查询推荐列表靠前的查询被用户点击的概率。这两个概念并不是互相矛盾的，将二者有效结合，可以在一定程度上提高查询推荐列表前面几个查询推荐的准确性，也可以提高查询推荐列表在不同情况下都能被点击的概率。本书提出基于多样化和个性化相结合的模型，并通过建模分析回答以下问题。

(1) 本书提出的结合多样化和个性化的查询推荐模型较现有的方法，是否能够提高查询推荐的性能?

(2) 不同个性化策略的选择对模型的影响如何，即关于长期查询记录和短期查询记录中包含的所有查询，或者点击查询对个性化查询推荐多样化(personalized query suggestion diversification，PQSD)模型的影响是什么?

(3) 不同的多样化和个性化权重设置对模型的性能有什么影响，即模型中参数的变化对模型的影响是什么?

(4) 随着查询推荐个数的增加，模型的性能变化如何，即模型对查询推荐个数这个参数的敏感性如何?

实验结果表明，该模型能有效提高查询推荐的准确性和查询推荐列表的多样性。

进一步，本书针对当前研究没有考虑查询词频率的非周期性激增趋势导致的无法及时推荐时效性查询词的问题，提出基于查询词时敏特征的个性化查询推荐(personalized query auto-completion based on temperal patterns，记为P-QAC)方法。首先，利用傅里叶变换方法挖掘查询词的周期性时敏特征，预测未来查询频率。然后，采用加权移动平均(weighted moving average，WMA)方法分析查询词的非周期性时敏特征，预测未来查询频率的增长幅度。最后，将两个预测的变化趋势结合起来，对查询词进行排序，使查询词时敏特征得到充分的利用。通过建模分析，回答以下研究问题。

(1) P-QAC较现有方法是否能提高查询词的推荐准确率?

(2) 同时利用周期性和非周期性时敏特征的排序模型与P-QAC相比，推荐性能是否能够得到提升?

(3) 在检测查询词频率激增趋势时采用不同的方法，即简单移动平均(simple moving average，SMA)方法和WMA方法，对最终排序结果有何影响?

(4) 滑动窗口的长度对排序模型的性能有何影响?

实验结果表明，该方法比基准方法的排序准确率更高，能识别时效性查询词并满足用户的时效性信息需求。

针对当前研究忽略地理查询词中包含的特殊语义信息和限定条件的问题，提出对于地理位置敏感的个性化查询推荐(personalized query auto-completion based on location sensitivity，记为LS-QAC)方法。该方法首先对显性地理查询词和隐性地理查询词进行分析和提取，并计算地理位置在查询词和用户兴趣偏好中的概率分布，然后将用户地理位置偏好作为排序标志对查询词进行排序。通过建模分析，回答以下研究问题。

(1) 相比基准排序模型，本书提出的LS-QAC较基准模型在推荐准确率上是否更胜一筹?

(2) LS-QAC对于地理查询词和普通查询词的推荐性能有何影响?

(3) LS-QAC中的权重参数对模型的性能有何影响?

实验结果表明，该方法在排序准确率和推荐成功率上优于基准方法，可以满足用户对地理信息的个性化需求。

进一步，针对个性化查询推荐在用户建模时遇到的数据稀疏性问题，提出基于用户主题兴趣的个性化查询推荐方法。该方法首先利用主题模型挖掘用户的主题兴趣，然后采用聚类方法将主题兴趣相似的用户聚集成群，最后以相似用户历史查询词为补充数据，建立当前用户的关注模型，并对查询词进行排序。由于聚类方法通常将用户划分至单一用户群，不能反映用户主题兴趣的多元化，因此提出相似用户主题模型(cohort topic model，CTM)，使用户能够以一定的概率隶属多个用户群。通过建模分析，回答以下研究问题。

(1) 基于用户主题兴趣的个性化排序模型与基准排序模型相比，是否具有更高的推荐准确率?

(2) CTM比传统主题模型在最终的排序性能上是否更优?

(3) 查询词的频率得分和查询词的相似度得分这两个排序标志在排序中哪个更为重要?

(4) 相似用户群的数量对排序模型的性能有何影响?

(5) 基于用户主题兴趣的排序模型是否可以缓解个性化查询推荐中用户数据的稀疏性问题?

实验结果表明，该方法不但在推荐准确率上明显优于基准方法，而且对于历史数据稀疏的用户也能给出准确的推荐结果。

针对当前研究以搜索会话为基本单元分析用户的信息需求，导致无法处理横跨多个搜索会话的复杂检索任务的问题，本书提出面向复杂检索任务的个性化查询推荐(personalized query auto-completion for multi-session tasks，记为Task-QAC)方法。首先给出搜索会话和检索任务的形式化定义，并将文本相似度与语义相似度结合起来识别检索任务。然后，从搜索历史、检索任务、搜索会话、查询词四个层次提出相关的排序特征，通过机器学习方法预测查询词与用户当前检索任务的相关度。通过建模分析，回答以下研究问题。

(1) 相比基准排序模型，本书提出的 Task-QAC 排序模型能否提高查询词推荐的准确率?

(2) 对于简单检索任务和复杂检索任务，查询词的推荐性能如何?

(3) Task-QAC 中各个排序特征的重要性如何?

实验结果表明，相比基准方法，该方法对于不同复杂程度的检索任务均能推荐更为准确的查询词。

针对基于机器学习的方法采用的排序特征过于主观，而且无法模拟复杂用户行为的问题，本书提出基于神经网络的个性化查询推荐方法。该方法包含 3 个层层递进的排序模型。第 1 个排序模型是一个单层的循环神经网络(recurrent neural network，RNN)。它在排序中仅考虑用户在一个搜索会话内的行为信息。第 2 个排序模型是个性化的 RNN。它在第一个排序模型的基础上增加一层模拟用户兴趣偏好的 RNN，将用户在各个搜索会话中的行为信息串联起来进行排序。第 3 个排序模型是一个基于注意力机制的 RNN。它在第 2 个模型的基础上加入了注意力机制，能够抓住用户在搜索过程中的重点关注内容，减少干扰词对排序造成的不良影响。通过建模分析，回答以下研究问题。

(1) 双向循环神经网络(bidirectional RNN，BRNN)、递归循环神经网络(persistent RNN，PRNN)和基于注意力机制的递归循环神经网络(attentive PRNN，A-PRNN)的排序准确性是否优于基准排序模型?

(2) 用户层 RNN 结构和注意力机制会给排序模型带来怎样的影响?

(3) 搜索会话的长度对各个排序模型的性能有何影响?

实验结果表明，本书提出的个性化排序模型在排序准确率和推荐成功率上均大幅超过基准模型。

1.2 本书的主要贡献

(1) 提出基于用户行为分析的个性化查询推荐方法。基于概率图模型相关理论基础，将查询的语义相关度和用户的查询历史记录考虑进个性化查询推荐模型。并在此基础上进一步对用户的长短期查询行为进行建模，提出基于用户行为分析的个性化查询推荐模型。该方法考虑长期用户查询记录和短期用户查询记录在个性化查询推荐中不同的贡献和影响，通过 BPMF 和 EM 算法对用户-查询的偏好矩阵去稀疏化，对其中的数据缺失项进行预测，从而提高查询推荐的准确性。

(2) 提出基于多样化和个性化相结合的查询推荐方法。本书创新性地提出将信息检索中的多样化和个性化相结合，对查询推荐方法进行改进并建立相应的模型。首先，采用潜在狄利克雷分布(latent Dirichlet allocation，LDA)主题模型产生查询的主题分布。然后，建立基于贪婪算法的查询推荐多样化模型，结合贪婪选择规则，选取相应的查询推荐候选项加入推荐列表，实现对初始列表的重排序，同时保证查询推荐列表包含的主题尽可能多。在该模型的基础上将特定用户的行为信息考虑进来，即个性化信息，建立结合多样化和个性化的查询推荐模型，提高查询推荐列表的准确性和有效性。

(3) 提出基于查询词时敏特征的个性化查询推荐方法。针对目前查询推荐方法仅关注识别查询词频率的周期性变化趋势，而忽略查询词频率在短期内的非周期性激增趋势，导致信息系统无法及时推荐时效性查询词的问题，本书提出利用加权平均移动方法挖掘查询词频率的非周期性时敏特征，并利用傅里叶变换方法识别查询词频率的周期性时敏特征方法。随后构造排序模型，将两个时敏特征以线性加权的形式进行结合，共同用于计算查询词的排序得分，并生成排序列表。在 AOL(American online，美国在线)数据集上的实验结果表明，提出的排序模型相比基准模型能更加准确地捕获用户对信息的时效性需求，通过推荐与之相关的查询词能显著提高排序结果的准确率。

(4) 提出对于地理位置敏感的个性化查询推荐方法。针对目前查询推荐方法将地理查询词等同为普通查询词，而忽略其中包含的特殊语义信息和限定条件的问题，本书对显性地理查询词和隐性地理查询词进行特征分析，并计算地理信息在查询词和用户兴趣偏好中的概率分布。在构建排序模型时，除了用户的地理兴趣偏好，还考虑查询词的预测频率、用户的搜索历史，以使排序模型的性能最佳。实验结果证明，用户的地理兴趣偏好能够进一步提升排序结果的准确率。

(5) 提出基于用户主题兴趣的个性化查询推荐方法。针对个性化查询推荐研究中的用户数据稀疏性问题，本书通过对相似用户进行聚类，并以相似用户的搜索记录作为补充数据建立查询词排序模型。首先通过传统主题模型得到用户的主题兴趣偏好，然后用聚类方法将主题兴趣偏好相似的用户聚集成群。由于聚类方法将用户划分至唯一的相似用户群，不能反映用户主题兴趣的多元化，因此本书提出 CTM，将用户以一定的概率分配至不同的相似用户群。实验结果表明，CTM 对于搜索历史较少的用户仍能给出满意的推荐结果，可以有效缓解用户数据的稀疏性问题给排序带来的不良影响。

(6) 提出面向复杂检索任务的个性化查询推荐方法。针对目前查询推荐方法主要以搜索会话为基本单元分析用户的信息需求，无法处理横跨若干搜索会话的复杂检索任务的问题，首先提出检索任务识别方法，然后从搜索历史、检索任务、搜索会话、查询词等四个层次提出若干排序特征，利用机器学习方法训练得到各个排序特征的最佳权重值，从而提出相应的排序模型。通过在公开数据集上进行的一系列实验，证明提出的排序特征能有效识别与检索任务相关的查询词，并将它们排列在靠前位置，为用户完成复杂检索任务提供有效支持。

(7) 提出基于神经网络的个性化查询推荐方法。针对基于机器学习的排序模型无法模拟用户与查询词之间的非线性关系问题，本书将 RNN 网络结构进行裁剪，分别提出三个适用于查询推荐情景的排序模型。实验结果显示，加入用户兴趣偏好信息的个性化排序模型能够显著提升排序结果的准确性。

参 考 文 献

[1] Asuncion A, Welling M, Smyth P, et al. On smoothing and inference for topic models// The Twenty-Fifth Conference on Uncertainty in Artificial Intelligence, 2009: 27-34.

[2] Barathi M, Valli S. Topic based query suggestion using hidden topic model for effective web search. Journal of Theoretical and Applied Information Technology, 2014, 59(3): 632-642.

[3] Blei D M, Ng A Y, Jordan M I. Latent Dirichlet allocation. Journal of Machine Learning Research, 2003, 3: 993-1022.

[4] Bolelli L, Ertekin Ş, Giles C L. Topic and trend detection in text collections using latent Dirichlet allocation//European Conference on Information Retrieval, 2009: 776-780.

[5] Bollegala D, Matsuo Y, Ishizuka M. Measuring semantic similarity between words using web search engines// The 16th International World Wide Web Conference, 2007, 7(2007): 757-766.

[6] Cai F, Reinanda R, Rijke M D. Diversifying query auto-completion. ACM Transactions on Information Systems, 2016, 34(4): 1-33.

[7] Carbonell J, Goldstein J. The use of MMR, diversity-based reranking for reordering documents and producing summaries// The 21st Annual International ACM SIGIR Conference on Research and Development in Information Retrieval, 1998: 335-336.

[8] Chapelle O, Metlzer D, Zhang Y, et al. Expected reciprocal rank for graded relevance// The 18th ACM Conference on Information and Knowledge Management, 2009: 621-630.

[9] Chien S, Immorlica N. Semantic similarity between search engine queries using temporal correlation// The 14th International Conference on World Wide Web, 2005: 2-11.

[10] Clarke C L A, Kolla M, Cormack G V, et al. Novelty and diversity in information retrieval evaluation//Proceedings of the 31st Annual International ACM SIGIR Conference on Research and Development in Information Retrieval, 2008: 659-666.

[11] Craswell N, Szummer M. Random walks on the click graph//Proceedings of the 30th Annual International ACM SIGIR Conference on Research and Development in Information Retrieval, 2007: 239-246.

[12] Guo J, Cheng X Q, Xu G, et al. A structured approach to query recommendation with social annotation data//Proceedings of the 19th ACM International Conference on Information and Knowledge Management, 2010: 619-628.

[13] Guo J, Cheng X Q, Xu G, et al. Intent-aware query similarity//Proceedings of the 20th ACM International Conference on Information and Knowledge Management, 2011: 259-268.

[14] Hu H, Zhang M X, He Z Y, et al. Diversifying query suggestions by using topics from wikipedia//2013 IEEE/WIC/ACM International Joint Conferences on Web Intelligence and Intelligent Agent Technologies, 2013: 139-146.

[15] Kharitonov E, Macdonald C, Serdyukov P, et al. Intent models for contextualising and diversifying query suggestions//Proceedings of the 22nd ACM International Conference on Information & Knowledge Management, 2013: 2303-2308.

[16] Li L, Yang Z L, Liu L, et al. Query-URL bipartite based approach to personalized query recommendation// AAAI Conference on Artificial Intelligence, 2008, 8: 1189-1194.

[17] Li R R, Kao B, Bi B, et al. DQR: a probabilistic approach to diversified query recommendation// Proceedings of the 21st ACM International Conference on Information and Knowledge Management, 2012: 16-25.

[18] Ma H, Lyu M R, King I. Diversifying query suggestion results//Proceedings of the 24th AAAI Conference on Artificial Intelligence, 2010: 1399-1404.

[19] Mei Q Z, Zhou D Y, Church K. Query suggestion using hitting time//Proceedings of the 17th ACM Conference on Information and Knowledge Management, 2008: 469-478.

[20] Meng L L. A survey on query suggestion. International Journal of Hybrid Information Technology, 2014, 7(6): 43-56.

第 2 章　基于用户行为分析的个性化查询推荐方法

本章介绍个性化查询推荐的基本问题和基本假设，并对基于用户行为分析的个性化查询推荐模型进行建模分析。首先，建立基于概率图模型的个性化查询推荐模型。然后，对用户的行为进行建模分析，即考虑不同阶段的用户行为，包括点击行为等，通过对用户行为的分析和建模产生个性化的查询推荐，建立基于用户行为分析的个性化查询推荐模型。

2.1　问题描述

在信息检索过程中，用户在搜索引擎界面输入查询词。查询推荐根据用户输入的查询词和相关的历史记录，给用户返回一个推荐的查询列表，对用户下一个可能输入的词语进行预测。目前的查询推荐方法主要考虑候选查询推荐和用户输入的查询词之间的共现度和语义相似度，但是对于个性化的查询推荐，仅考虑语义相似度，并不能体现用户的个性化。因此，本章首先基于概率图模型，对用户的检索历史进行挖掘，将用户的查询记录和查询语义相结合，对个性化查询推荐进行建模。同时，考虑用户不同的查询行为反映用户不同的查询意图，结合对用户行为的分析，建立基于用户行为分析的个性化查询推荐模型。

用户的查询行为包括用户输入的查询词、用户的点击行为，以及用户提交两个查询之间的时间间隔，它们可以为个性化查询推荐提供丰富的信息。具体来说，用户的查询行为包括长期行为和短期行为。长期查询行为可以表征用户的基本兴趣爱好和关注的主题，短期查询行为则更聚焦用户当前的查询意图，更具有实时性。因此，在对用户行为和兴趣爱好进行建模分析时，需要对这两种行为分别进行分析和建模，同时根据用户对查询的点击次数估计用户对查询的偏好程度。

本章主要研究问题的数学化描述如下。

(1) 建立基于概率图模型的个性化查询推荐方法。

(2) 对用户的查询行为进行建模。令用户 u 的长期查询记录包括 N 个查询，即 $Q_{u,l}=\{q_1,q_2,\cdots,q_N\}$；用户 u 的短期查询记录，即用户 u 在当前查询会话中提交的 m 个查询为 $Q_{u,s}=\{q_1,q_2,\cdots,q_m\}$。

(3) 针对用户当前的查询会话，在用户提交第 m 个查询 q_m 后，根据对用户的长期查询行为和短期查询行为的分析，返回给用户一个查询推荐列表 R_S，并预测用户下一个可能输入的词语。

因此，本章个性化查询推荐任务的目的是，针对每个特定的用户 u，通过对其长期查询行为和短期查询行为的分析，找出用户关注的信息，对查询推荐列表进行重排序，将与用户关注信息相关的查询排在查询推荐列表的靠前位置，从而提高个性化查询推荐的准确性。

本章首先建立基于概率图模型的查询推荐方法，然后根据每个特定用户对查询的点击次数，估计用户对每个查询的偏好程度。为了解决数据稀疏性的问题，采用 BPMF 的方法得到用户-查询的偏好矩阵。然后，对用户行为进行建模分析，分别对用户的长期查询行为和短期查询行为进行分析。由用户-查询偏好矩阵可以得到特定用户与每个查询之间的相关度。基于用户行为分析的个性化查询推荐方法框架如图 2.1 所示。

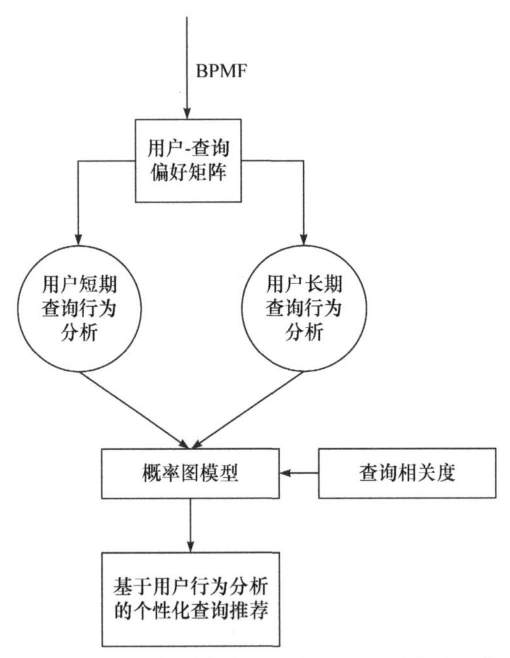

图 2.1　基于用户行为分析的个性化查询推荐方法框架

首先，对用户查询记录和查询会话进行介绍。用户查询记录中主要包含用户标识码(identifier，ID)、用户提交的查询、提交查询的时间，以及是否存在点击行为。如果存在点击行为，则记录点击的统一资源定位系统(uniform resource locator，URL)及其位置。在现有的研究中，普遍以 30min 为划分查询会话的标准，即如果同一个用户提交两个查询的时间间隔超过 30min，则认为这两个查询属于两个查询会话。通常来说，认为同一个查询会话中的查询表达的是相同的查询意图。

本章假设下面的条件已经给出。

(1) 用户 u 的当前查询会话，包括 $q_1,q_2,\cdots,q_T$。

(2) 用户输入的查询词 q_0。

(3) 初始的查询推荐列表 R_I，采用查询共现分析生成初始查询推荐列表。

个性化查询推荐的任务是根据 R_I 返回重新排列的列表。推荐包含用户的长期搜索记录和短期搜索记录，如点击次数、点击时间。本章个性化查询推荐方法的目的是通过预测用户的搜索意图，提供查询推荐，以满足用户的查询需求。本章符号说明如表 2.1 所示。

表 2.1　本章符号说明

符号	描述
u	特定的用户
q_0	用户输入的查询词
q_c	一个查询推荐项
S_C	查询上下文，即一个查询会话中在 q_T 之前的查询序列 $\{q_1,q_2,\cdots,q_{T-1}\}$
T	一个查询会话中的查询个数
q_t	查询会话中的第 t 个查询 $(t=1,2,\cdots,T)$
R_I	初始的查询推荐列表
R_S	重排序后的查询推荐列表
λ_1	权重参数，调节语义相似度和查询历史之间的贡献度
f_q	包含查询 q 的查询会话个数
co_{q_1,q_2}	同时包含查询 q_1 和 q_2 的查询会话的个数
θ	延迟系数
$D(q_t)$	查询 q_t 和 q_T 之间的位置间隔
$Q(u)$	用户 u 提交过的所有查询

2.2　基于概率图模型的个性化查询推荐建模

2.2.1　概率图模型

人们希望通过已知的相关知识和信息来减少事情的不确定性，因此概率论的相关理论得以创立并发展。在很多领域，如深度学习、模式识别，以及差错控制编码等，概率论得到广泛的应用[1-10]。

对于一般的统计推断问题，概率模型已经可以很好地解决问题，那为什么还要提出概率图模型呢？因为概率图模型不是从不能解决问题到解决问题的突破，而是可以利用概率图模型更好地解决问题。将图模型与概率模型相结合有以下优势。

(1) 为概率模型提供清晰可观的结构和框架，方便挖掘其中的关系，激发新的想法。

(2) 通过图的结构，更容易挖掘概率模型中隐含的依赖关系。

(3) 一些概率模型中复杂的计算可以理解为图中的信息传递过程，这样就不用太关注复杂的数学表达式。

本章对概率图模型的理解基于概率模型和图模型的理论，即通过对概率图的构建表示数据项之间的依赖约束关系，用节点的链接表示信息的传递过程。在对数据的处理过程中则用到概率论的相关理论知识。

本章用到的概率论计算基于以下基本概率论公式，即

$$P(X)=\sum_{Y}P(X|Y) \tag{2.1}$$

$$P(X,Y)=P(X)P(X|Y) \tag{2.2}$$

$$P(X|Y)=\frac{P(Y|X)P(X)}{P(Y)} \tag{2.3}$$

式(2.1)是基于概率论中的加法准则，也就是当已知依赖的多个变量的概率分布时，可以计算单个变量的概率分布。式(2.2)是基于概率论中的乘法准则，基于该准则，可以得到贝叶斯公式，也就是式(2.3)。

有向无环图模型又称贝叶斯网络，描述的是条件概率，如图 2.2 所示。

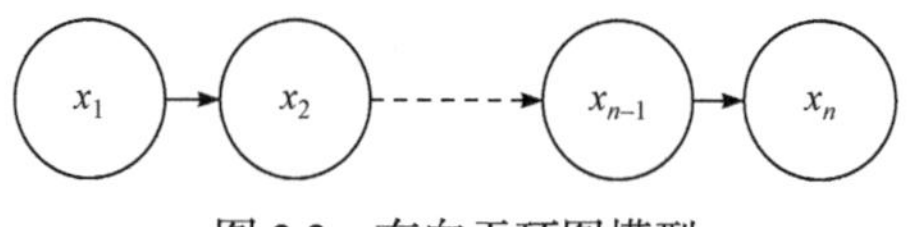

图 2.2　有向无环图模型

如果每一个变量都只与其前一个变量相关，即一阶马尔可夫过程，那么可以用式(2.4)表示其数学形式，即

$$P(x_1,x_2,\cdots,x_n)=P(x_1)P(x_2|x_1)\cdots P(x_n|x_{n-1}) \tag{2.4}$$

其中，变量 x_1 没有指向，表示 $P(x_1)$ 无条件限制。

本章的概率图模型为有向图表示的条件概率模型。

2.2.2　基于概率图模型的个性化查询推荐方法

当用户 u 在搜索引擎中输入初始查询词 q_0 后，个性化的查询推荐需要根据 q_0，以及相关的查询历史记录返回一个能够预测用户下一个查询的查询推荐列表 R_S。它包含查询推荐项，如 q_c。此时，用户就构成一个个性化查询推荐概率图模型，如图 2.3 所示。

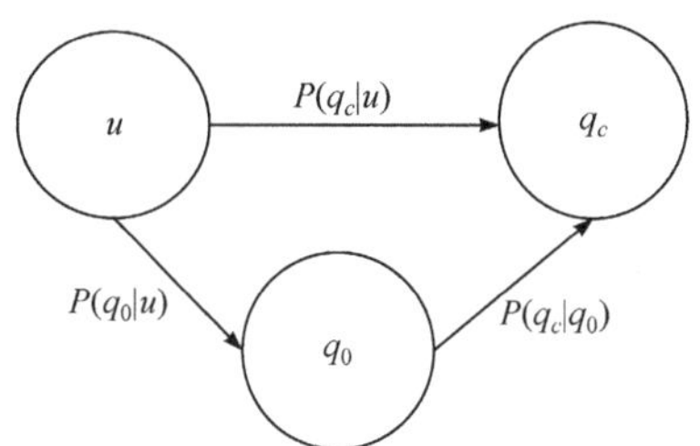

图 2.3　个性化查询推荐概率图模型

根据概率图模型，可以将 $P(u,q_0,q_c)$ 写成联合概率分布的形式，即

$$P(u,q_0,q_c)=P(u)\cdot P(q_0\,|\,u)\cdot P(q_c\,|\,u,q_0) \tag{2.5}$$

因为用户 u 和初始查询词 q_0 这两个变量为已知变量，因此对最终查询推荐的重排序并没有影响。只需计算在给定搜索用户 u 的情况下，查询推荐 q_c 和初始查询词 q_0 之间的相关度，即 $P(q_c\,|\,u,q_0)$，根据贝叶斯准则，可将其分解为

$$P(q_c\,|\,u,q_0)=\frac{P(q_0,u,q_c)}{p(u)\cdot P(q_0\,|\,u)}=\frac{P(q_0,u\,|\,q_c)\cdot P(q_c)}{p(u)\cdot P(q_0\,|\,u)} \tag{2.6}$$

显然，给定用户 u 及其提交的初始查询 q_0，概率 $P(u)$ 和 $P(q_0\,|\,u)$ 对最终查询推荐的重排序结果并没有影响，因此

$$P(q_c\,|\,u,q_0)\propto P(q_0,u\,|\,q_c)\cdot P(q_c) \tag{2.7}$$

假设 $P(q_c)$ 服从均匀分布，下面主要考察 $P(q_0,u\,|\,q_c)$。它受到两个因素的影响，一是用户提交的初始查询词 q_0 和查询推荐 q_c 之间的相关度，二是用户 u 的兴趣爱好和查询推荐 q_c 之间的相关度。可以用权重参数 λ_1 来控制这两个因素对 $P(q_0,u\,|\,q_c)$ 的影响程度，即

$$P(q_0,u\,|\,q_c)=(1-\lambda_1)P(q_0\,|\,q_c)+\lambda_1 P(u\,|\,q_c) \tag{2.8}$$

其中，$P(q_0\,|\,q_c)$ 表示用户提交的初始查询词 q_0 和查询推荐 q_c 之间的相关度；$P(u\,|\,q_c)$ 表示用户 u 的兴趣爱好和查询推荐 q_c 之间的相关度。

结合式(2.3)和式(2.4)，可得

$$\begin{aligned}P(q_c \mid u,q_0) &\propto P(q_0,u \mid q_c)\cdot P(q_c)\\ &=(1-\lambda_1)P(q_0 \mid q_c)\cdot P(q_c)+\lambda_1 P(u \mid q_c)\cdot P(q_c)\end{aligned} \tag{2.9}$$

再次使用贝叶斯准则，对式(2.5)进行改写，可得

$$P(q_c \mid u,q_0) \propto (1-\lambda_1)P(q_c \mid q_0)\cdot P(q_0)+\lambda_1 P(q_c \mid u)\cdot P(u) \tag{2.10}$$

假设概率 $P(u)$ 和 $P(q_0)$ 都服从均匀分布，那么对 $P(q_c \mid u,q_0)$ 可以进行如下估计，即

$$P(q_c \mid u,q_0) \propto (1-\lambda_1)P(q_c \mid q_0)\cdot P(q_0)+\lambda_1 P(q_c \mid u)\cdot P(u) \tag{2.11}$$

式(2.11)包括两个部分，第一部分为查询的语义相似度，即用户提交的初始查询词 q_0 和查询推荐 q_c 之间的相关度 $P(q_c \mid q_0)$，第二部分为用户 u 的兴趣爱好和查询推荐 q_c 之间的相关度。

(1) 查询的语义相关度 $P(q_c \mid q_0)$。考虑两部分因素控制该相关度，即 q_0 和 q_c 之间的共现度 C_{q_0,q_c}，q_0 和 q_c 的语义相关度 S_{q_0,q_c}，因此

$$P(q_c \mid q_0) \leftarrow C_{q_0,q_c}\cdot S_{q_0,q_c} \tag{2.12}$$

显然，如果两个查询词 q_0 和 q_c 经常出现在同一个查询会话中，那么这两个查询的相关度相对较高，或者表达的信息需求相似。根据查询共现度方法，可以通过式(2.13)计算 C_{q_0,q_c}，即

$$C_{q_0,q_c}=\frac{\mathrm{co}_{q_0,q_c}}{f_{q_0}+f_{q_c}-\mathrm{co}_{q_0,q_c}} \tag{2.13}$$

其中，f_{q_0} 和 f_{q_c} 表示包含查询词 q_0 和 q_c 的查询会话的个数；co_{q_0,q_c} 表示同时包含查询词 q_0 和 q_c 会话的个数。

对于计算查询之间的语义相似度，采用 word2vec 方法计算两个查询中单词与单词之间的相似度，然后取平均值作为这两个查询的语义相似度，即

$$S_{q_0,q_c} \leftarrow \cos(q_0,q_c)=\frac{1}{W}\sum_{w_k\in q_0}\sum_{w_j\in q_c}\cos(w_k,w_j) \tag{2.14}$$

其中，$W=|q_0|\cdot|q_c|$，$|q|$ 表示查询 q 中包含的单词个数。

(2) 用户 u 的兴趣爱好和查询推荐 q_c 之间的相关度。采用用户的长期查询历史记录对用户的兴趣爱好进行挖掘，即

$$P(q_c \mid u) \leftarrow \sum_{q\in Q(u)}\frac{S_{q_c,q}}{|Q(u)|} \tag{2.15}$$

其中，$Q(u)$ 表示用户 u 在查询历史记录中所有的查询；$S_{q_c,q}$ 表示两个查询之间的相关度。

2.3　用户行为建模

上节介绍了个性化查询推荐的基本问题和基本假设，并对基于概率图模型的个性化查询推荐模型进行了建模分析。因此，本节对用户的行为进一步分析和建模，建立基于用户行为分析的个性化查询推荐模型。

2.3.1　基于贝叶斯概率矩阵分解的用户-查询偏好矩阵

1. 贝叶斯概率矩阵分解

在推荐系统的研究中，用户和评价对象之间的评分往往不是一一对应的，大部分用户只对自己感兴趣的对象进行评分。这样在处理海量数据和少量的历史评价时，采用简单的数据处理得到的用户-对象评分矩阵就具有很大的稀疏性，往往不能得到满意的推荐性能[11-16]。例如，奇异值分解(singular value decomposition，SVD)通过最小化误差平方和求取隐含特征向量的低秩分解，但是由于数据集的稀疏性，评分矩阵中大部分数据都是未知的状态，导致最小化误差平方和只能计算有评分记录的数据。这样会使问题变为非凸，导致标准的 SVD 不能求解。

Salakhutdinov 等[17]提出概率矩阵分解的方法，假设推荐系统中有 M 个用户，N 个推荐项目，用户对项目的评分为 5 等级制(perfect = 5、excellent = 4、good = 3、fair = 2、bad = 1)，用 R_{ij} 代表用户 i 对于项目 j 的评分，$U \in R^{D\times M}$ 和 $V \in R^{D\times N}$ 分别是用户和项目对应的隐含特征矩阵，其中列向量 U_i 和 V_j 为相应的特征向量。该算法采用的是基于高斯噪声的概率模型，首先定义评分矩阵的条件概率为

$$P(R \mid U,V,\alpha) = \prod_{i=1}^{M}\prod_{j=1}^{N}[N(R_{ij} \mid U_i^{\mathrm{T}}V_j,\alpha^{-1})]^{I_{ij}} \tag{2.16}$$

其中，$N(R_{ij} \mid U_i^{\mathrm{T}}V_j,\alpha^{-1})$ 表示均值为 $U_i^{\mathrm{T}}V_j$，方差为 α^{-1} 的高斯分布；I_{ij} 表示当该数据点有评分时为 1，否则为 0。

同时，对于用户和项目的先验分布，假设其均服从高斯分布，即

$$P(U \mid \mu_U,\Lambda_U) = \prod_{i=1}^{M} N(U_i \mid \mu_U,\Lambda_U^{-1}) \tag{2.17}$$

$$P(V \mid \mu_V,\Lambda_V) = \prod_{j=1}^{N} N(V_j \mid \mu_V,\Lambda_V^{-1}) \tag{2.18}$$

其中，参数 $\{\mu_U,\mu_V\}$ 一般可以设定为 0；参数 $\{\Lambda_U,\Lambda_V\}$ 的选择对算法的预测性能有重要影响。

基于贝叶斯概率矩阵分解算法在寻找最优参数中有很多研究。

如图 2.4 所示，贝叶斯概率矩阵分解模型在上述描述的基础上，进一步设定 $\Theta_U=\{\mu_U,\Lambda_U\}$、$\Theta_V=\{\mu_V,\Lambda_V\}$ 的先验分布为高斯-威沙特分布(Gaussian-Wishart distribution)，将参数 $\{\Lambda_U,\Lambda_V\}$ 整合到模型内部可以避免寻找最优参数的过程，即

$$\begin{aligned}P(\Theta_U\mid\Theta_0)&=P(\mu_U\mid\Lambda_U,\Theta_0)P(\Lambda_U\mid\Theta_0)\\&=N(\mu_U\mid\mu_0,(\beta_0\Lambda_U)^{-1})W(\Lambda_U\mid W_0,\nu_0)\end{aligned}\tag{2.19}$$

$$\begin{aligned}P(\Theta_V\mid\Theta_0)&=P(\mu_V\mid\Lambda_V,\Theta_0)P(\Lambda_V\mid\Theta_0)\\&=N(\mu_V\mid\mu_0,(\beta_0\Lambda_V)^{-1})W(\Lambda_V\mid W_0,\nu_0)\end{aligned}\tag{2.20}$$

其中，$\Theta_0=\{\mu_0,\nu_0,W_0,\alpha,\beta_0\}$；$W(\Lambda\mid W_0,\nu_0)$ 是自由度为 ν_0，协方差矩阵为 W_0 的威沙特分布，即

$$W(\Lambda\mid W_0,\nu_0)=\frac{1}{\lambda}\left|\Lambda\right|^{(\nu_0-D-1)/2}\mathrm{e}^{\left(\frac{1}{2}\mathrm{Tr}(W_0^{-1},\Lambda)\right)}\tag{2.21}$$

其中，Λ 为用户和项目先验分布中的精度矩阵；λ 为标准化参数；D 为特征向量的维数；W_0 的维数为 D。

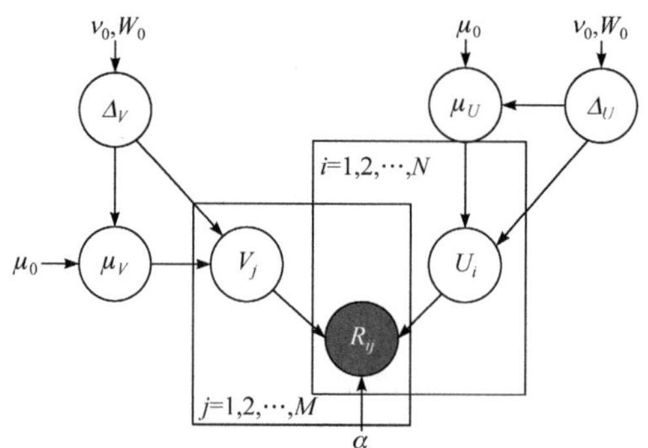

图 2.4　贝叶斯概率矩阵分解模型

预测评分值 R_{ij} 的分布可以通过其对用户、项目特征向量依赖关系的边界条件求得，即

$$\begin{aligned}P(R_{ij}\mid R,\Theta_0)=&\iint P(R_{ij}\mid U_i,V_j)P(U,V\mid R,\Theta_U,\Theta_V)\\&\cdot P(\Theta_U,\Theta_V\mid\Theta_0)d\{U,V\}d\{\Theta_U,\Theta_V\}\end{aligned}\tag{2.22}$$

采用近似推导求取预测评分值的后验估计。目前很多文献采用的是马尔可夫链蒙特卡罗算法采样估计评分值，得到后验概率分布，即

$$P(R_{ij}\mid R,\Theta_0)=\frac{1}{K}\sum_{k=1}^{K}P(R_{ij}\mid U_i^{(k)},V_i^{(k)})\tag{2.23}$$

其中，K 为采样次数；$\{U_i^{(k)}, V_j^{(k)}\}$ 的采样值可以通过马尔可夫链得到。

采样值的稳态分布就是特征向量相对于先验参数和超参数的后验分布。但是，马尔可夫链蒙特卡罗算法计算复杂度较高，不适合基于大型数据集的推荐系统。

2. 用户-查询偏好矩阵

本节用贝叶斯概率矩阵分解方法处理用户-查询的偏好矩阵。相对于所有的查询项来说，用户只对自己感兴趣的查询存在提交和点击行为，因此会缺失大量的用户-查询的偏好数据。这里采用贝叶斯概率矩阵分解方法对这些缺失项进行预测。

首先，根据用户的点击行为得到初始的用户-查询的偏好矩阵 P_{UQ}，其中每一项为

$$\mathrm{rel}_{q,u} \leftarrow \min(\lfloor u(q) \rfloor, 5) \tag{2.24}$$

其中，$u(q)$ 为用户 u 在查询 q 上的点击次数；$\lfloor \cdot \rfloor$ 表示取下界。

这样，用户-查询的偏好矩阵 P_{UQ} 中的每一项就表示相应的查询与用户之间的关系。这个矩阵通常是稀疏的，存在很多缺失值，采用贝叶斯概率矩阵分解方法处理这个系数矩阵，将缺失项赋上非零值。根据贝叶斯概率矩阵分解的方法，用近似矩阵 P_{UQ}^* 来代替原始矩阵 P_{UQ}，即

$$P_{UQ}^* = U_{N_u \times k_f}^* \times Q_{M_q \times k_f}^* \tag{2.25}$$

其中，N_u, M_q, k_f 分别表示用户的数量、查询的数量、隐含特征的数量。

通过边缘化模型参数和超参，可以预测 P_{UQ}^* 中的每一项，即

$$\begin{aligned} P(P_{UQ}^*(i,j) \mid P_{UQ}, \Theta_0) = & \iint P(P_{UQ}^*(i,j) \mid U_i, Q_j) P(U, Q \mid P_{UQ}, \Theta_U, \Theta_Q) \\ & \cdot P(\Theta_U, \Theta_Q \mid \Theta_0) \cdot d\{U, Q\} d\{\Theta_U, \Theta_Q\} \end{aligned} \tag{2.26}$$

其中，$\Theta_0 = \{\mu_0, \Sigma_0, W_0\}$，$W_0$ 为威沙特分布的超参数，维度为 $\Sigma_0 \times \Sigma_0$；$\Theta_U = \{\mu_U, \Sigma_U\}$ 和 $\Theta_Q = \{\mu_Q, \Sigma_Q\}$ 为用户和查询的超参数。

由于一般搜索引擎的查询数量庞大，不适用马尔可夫链蒙特卡罗算法，而且马尔可夫链蒙特卡罗算法只能对几个关键的参数进行估计，不能得到全局的后验概率分布，因此本节采用 EM 算法[18]，获得用户和查询超参数的最大似然估计。

当 Gibbs 采样次数相对较少时，EM 算法带来的计算复杂度为 $O(N_u + M_q)$。下面给出 EM 算法的过程。假设构建的初始用户-查询偏好矩阵为 P_{UQ}，其中有 N_u 个用户、M_q 个查询。目标是通过引入隐式随机变量 z 让 P_{UQ} 去稀疏化，即预测矩

阵中的数据缺失项，最终生成模型 $P(R_{UQ},z)$ 。首先，引入近似矩阵与原始矩阵的相似度作为目标函数，即

$$l(\theta)=\sum_{i=1}^{N_u}\ln P(R_{UQ}(i);\theta)=\sum_{i=1}^{N_u}\ln\sum_{z_i}P(R_{UQ}(i),z_i,\theta) \tag{2.27}$$

其中， $\theta=\{\Theta_U,\Theta_Q\}$ 。

因为不能直接求得 θ 的最大值，所以采用 E 算法步骤构建相似度函数 $l(\theta)$ 的区域边界值，再通过 M 算法步骤最优化该边界值，不断循环，直至找到最优参数。在每个 EM 算法循环中，假设该隐式特征符合高斯分布，因此基于詹森(Jensen)不等式原理，可得

$$\begin{aligned}\sum_i\ln P(R_{UQ}(i);\theta)&=\sum_i\ln\sum_{z_i}\phi(z_i)\frac{P(R_{UQ}(i),z_i;\theta)}{\phi(z_i)}\\&=\sum_i\sum_{z_i}\phi(z_i)\ln\frac{P(R_{UQ}(i),z_i;\theta)}{\phi(z_i)}\end{aligned} \tag{2.28}$$

E 算法步骤为

$$\phi(z_i):=P(z_i\,|\,R_{UQ}(i):\theta) \tag{2.29}$$

M 算法步骤为

$$\theta:=\arg\max_{\theta}\sum_i\sum_{z_i}\phi(z_i)\ln\frac{P(R_{UQ}(i),z_i;\theta)}{\phi(z_i)} \tag{2.30}$$

通过 EM 步骤不断循环，可以得到 $l(\theta)$ 的最大值，至此可以得到去稀疏化后的用户-查询偏好矩阵 R_{UQ}^* 。

该用户-查询偏好矩阵中的每个元素描述相应的用户与查询之间的相关度。对用户行为建模时，可以用来刻画用户对某个查询的偏好程度，以及两个查询在用户层的相似度。

2.3.2 用户长期和短期查询行为建模分析

在概率图模型中，对用户的兴趣爱好建模分析时，只考虑用户的长期检索记录，并没有区分用户长期查询行为和短期查询行为对查询推荐的不同影响。本节对用户的长期查询行为和短期查询行为分别建模分析。

1. 用户短期查询行为建模

将 $P(q_c\,|\,u)$ 分为两个部分，即 q_c 与用户长期查询历史之间的相关度， q_c 与用户当前查询上下文的相关度，即短期查询历史之间的相关度。因此，可得

$$P(q_c \mid u) \propto (1-\lambda_2)P(q_c \mid u)_s + \lambda_2 P(q_c \mid u)_l \tag{2.31}$$

其中，$P(q_c \mid u)_s$ 为 q_c 与用户短期查询历史之间的相关度；$P(q_c \mid u)_l$ 为 q_c 与用户的长期查询历史之间的相关度，用 λ_2 来控制两者的权重。

对于 $P(q_c \mid u)_s$，用式(2.32)计算，即

$$P(q_c \mid u)_s = \sum_{q_i \in S_C} \theta_i \cdot \beta_i \cdot P(q_i \mid u) \tag{2.32}$$

其中，θ_i 为归一化延迟因子，表示 q_i 和 q_c 之间的距离。

因为在一个查询会话中，两个查询的位置离得越近，这两个查询所表达的查询意图和信息就越接近，所以通过式(2.33)计算 θ_i，即

$$\theta_i = \frac{1}{D(q_i)+1} \times \frac{1}{Z_\theta} \tag{2.33}$$

其中，$D(q_i)$ 为 q_i 和当前查询会话中最后一个查询 q_T 之间的位置间隔，如 $D(q_T)=0$；Z_θ 为归一化因子，$\sum \theta_i = 1$，即

$$Z_\theta \leftarrow \sum_{q_i \in S_C} \frac{1}{D(q_i)+1} \tag{2.34}$$

对于式(2.32)中的 β_i，有

$$\beta_i = \frac{1}{Z_\beta} \times \frac{\sum\limits_{q_j \in S_C \setminus q_i} \mathrm{dis}(q_j, q_c)}{\sum\limits_{q_t \in S_C} \mathrm{dis}(q_t, q_c)} \tag{2.35}$$

其中，$\mathrm{dis}(q_j, q_c)$ 由 q_j 和 q_c 向量的欧氏距离表示，q_j 和 q_c 的向量由经过贝叶斯概率矩阵分解后得到的用户-查询的偏好矩阵；Z_β 为归一化因子，即

$$Z_\beta = \sum_{q_i \in S_C} \frac{\sum\limits_{q_j \in S_C \setminus q_i} \mathrm{dis}(q_j, q_c)}{\sum\limits_{q_t \in S_C} \mathrm{dis}(q_t, q_c)} \tag{2.36}$$

2. 用户长期查询行为建模分析

对于 $P(q_c \mid u)_l$，用式(2.37)计算，即

$$P(q_c \mid u) = \frac{\sum\limits_{q \in Q(u)} c(q,u) \times P(q \mid u) \times P(q_c \mid q)}{|Q(u)|} \tag{2.37}$$

其中，$c(q,u)$ 为用户 u 提交查询 q 的次数；$P(q \mid u)$ 由贝叶斯概率矩阵分解后得到的用户-查询的偏好矩阵获得；$P(q_c \mid q)$ 通过查询的语义相关度计算得到。

对于查询的语义相关度 $P(q_c \mid q_0)$ ，我们考虑两部分因素控制该相关度，即 q_0 和 q_c 之间的共现度 C_{q_0,q_c} ， q_0 和 q_c 的语义相关度 S_{q_0,q_c} ，即

$$P(q_c \mid q_0) \leftarrow C_{q_0,q_c} \cdot S_{q_0,q_c} \tag{2.38}$$

显然，如果查询词 q_0 和 q_c 经常出现在同一个查询会话中，那么这两个查询的相关度相对较高，或者表达的信息需求相似。根据查询共现度方法，可以通过式(2.39)计算 C_{q_0,q_c} ，即

$$C_{q_0,q_c} = \frac{\mathrm{co}_{q_0,q_c}}{f_{q_0} + f_{q_c} - \mathrm{co}_{q_0,q_c}} \tag{2.39}$$

其中， f_{q_0} 和 f_{q_c} 为包含查询 q_0 和 q_c 的查询会话的个数； co_{q_0,q_c} 为同时包含查询词 q_0 和 q_c 的查询会话的个数。

对于计算查询之间的语义相似度，本节采用 word2vec 方法计算两个查询中单词与单词之间的相似度，然后取平均值作为两个查询之间的语义相似度，即

$$S_{q_0,q_c} \leftarrow \cos(q_0, q_c) = \frac{1}{W} \sum_{w_k \in q_0} \sum_{w_j \in q_c} \cos(w_k, w_j) \tag{2.40}$$

其中， $W = |q_0| \cdot |q_c|$ ， $|\cdot|$ 表示该查询中包含的单词个数。

2.4 基于用户行为分析的个性化查询推荐模型

下面结合概率图模型，建立基于用户行为分析的个性化查询推荐模型，即

$$P(q_c \mid q_0, u) \propto (1-\lambda_1)(C_{q_c,q_0} \cdot S_{q_c,q_0}) + \lambda_1[(1-\lambda_2)P(q_c \mid u)_s + \lambda_2 P(q_c \mid u)_l] \tag{2.41}$$

下面给出基于用户行为分析的个性化查询推荐模型算法，如算法 2.1 所示。

算法 2.1 基于用户行为分析的个性化查询推荐模型算法

输入： 用户输入的查询词 q_0 ；
初始的查询推荐列表 R_I ；
查询推荐列表最终返回的推荐数量 N ；
查询上下文 S_C ；
特定查询用户 u 的长期查询记录

输出： 重排序后的查询推荐列表 R_S

1. $R_S = \varnothing$

2. **for** $|R_S| \leqslant N$ **do**

3.   **for** $q_c \in R_I$ **do**

4. $s(q_c) \leftarrow (1-\lambda_1)(C_{q_c,q_0} \cdot S_{q_c,q_0}) + \lambda_1[(1-\lambda_2)P(q_c \mid u)_s + \lambda_2 P(q_c \mid u)_l]$

```
5.        end for
6.        q* ← max_{q_c} s(q_c)
7.        R_S ← R_S ∪ {q*}
8.        R_I ← R_I \ {q*}
9.  end for
10. return  R_S
```

计算初始查询推荐列表 R_I 中每个查询推荐候选项的得分，通过步骤 3～步骤 5 得到，然后将得分最高的查询推荐候选项填入 R_S 。同时 $R_I \leftarrow R_I \setminus \{q^*\}$ ，然后计算 R_I 中剩余查询候选项的得分，重复步骤 3～步骤 8，直至 $|R_S| = N$ ，在步骤 10 返回重排序后的查询推荐列表 R_S 。

2.5　实验与结果分析

为了验证本章提出的主要模型的有效性，本节在 AOL 数据集上开展实验，并对实验的结果进行分析讨论。

2.5.1　查询推荐性能衡量指标

针对查询推荐列表的性能研究，主要采用以下指标进行衡量。

(1) 平均倒数排名(也称平均准确率)(mean reciprocal rank，MRR)[19]。这是一个较为标准的衡量指标。假设用户输入的初始查询词为 q_0 ，接着输入的下一个查询词为 q' ，对于 q_0 ，其查询推荐列表为 R_S ，那么 R_S 的倒数排名(也称准确率)(reciprocal rank，RR)值为

$$\mathrm{RR} = \begin{cases} \dfrac{1}{q'\text{在}R_S\text{中的排名}}, & q' \in R_S \\ 0, & \text{其他} \end{cases} \tag{2.42}$$

最后，对所有查询推荐列表的 RR 值取平均值，即该查询推荐方法的 MRR。从这个角度看，MRR 是精度衡量指标。

(2) 归一化折算累计增益(normalized discounted cumulative gain，NDCG@N)。NDCG 也是信息检索领域衡量排序好坏的指标。基于查询与查询之间的多级相关度，以及查询在返回列表中的位置计算列表每个位置的 DCG(discounted cumulative gain，折算累计增益)指标值。NDCG 指标主要基于以下假设。

① 相关度越高的查询应当被返回在列表中越靠前的位置。

② 相关度越高的文档越有用。

NDCG 是对 DCG 指标的归一化。DCG 指标由累计增益(cumulative gain，CG)指标衍生得到。下面先介绍 CG 指标，即

$$\mathrm{CG}_p = \sum_{i=1}^{p} \mathrm{rel}_i \tag{2.43}$$

其中，p 为该查询推荐在推荐列表中的位置；rel_i 表示处在该位置的查询推荐与真实查询的相关度等级。

CG 的缺点是这样计算出的值与位置无关，即如果相关度与排序位置有变化，CG 的值也可能不变。但是，这并不合理，构建一个相关性更高的结果替换排在前面相关性较弱的结果，应该性能更好，但是 CG 对两者并无差异。因此，引入 DCG 对其进行改进，即

$$\mathrm{DCG}_p = \sum_{i=1}^{p} \frac{2^{\mathrm{rel}_i} - 1}{\log_2^{i+1}} \tag{2.44}$$

DCG 考虑位置的影响，这表示结果越靠前的文档，其相关性表现对整体的排序质量影响越大。

然而，对于 DCG，不同查询得到的推荐列表的数量可能不同，因此 DCG 的值相差很大，是不可比的。因此，需要对 DCG 的值做归一化处理，得到 NDCG 的值，即

$$\mathrm{NDCG}_p = \frac{\mathrm{DCG}_p}{\mathrm{IDCG}_p} \tag{2.45}$$

其中，IDCG_p 为返回查询推荐按理想的排序之后得到的最大 DCG 值。

例如，若返回的查询推荐列表为 $q_1, q_2, q_3, q_4, q_5, q_6$，其相关度等级分别为 3, 2, 3, 0, 1, 2，则

$$\begin{aligned} \mathrm{CG}_6 &= 3+2+3+0+1+2=11 \\ \mathrm{DCG}_6 &= \sum_{i=1}^{6} \frac{2^{\mathrm{rel}_i} - 1}{\log_2^{i+1}} = 13.85 \end{aligned} \tag{2.46}$$

按照相关性排序可以得到最优结果，即 DCG 为查询推荐按照(3, 3, 2, 2, 1, 0)排序，即

$$\begin{aligned} \mathrm{IDCG}_6 &= 14.61 \\ \mathrm{NDCG}_6 &= \frac{\mathrm{DCG}_6}{\mathrm{IDCG}_6} = 0.947 \end{aligned} \tag{2.47}$$

2.5.2　实验设计

在评价本章提出的基于用户行为分析的个性化查询推荐模型时，选取一些具

有代表性的个性化推荐模型进行对比，验证本章方法的有效性。下面对这些对比的模型进行简要介绍。

(1) 朴素模型。该模型是最基本的查询推荐模型，基于查询推荐和用户输入查询之间的语义相似度和查询共现度得到。

(2) 基于搜索上下文的查询推荐模型。该模型在朴素模型的基础上，考虑查询推荐和搜索上下文之间的关系，即考虑用户的短期搜索记录，但是没有考虑用户的长期搜索记录。

(3) 基于用户行为分析的个性化查询推荐模型，即本书提出的模型。该模型是将用户长期搜索记录和短期搜索记录相结合的查询推荐方法。

本章通过对下面几个问题的研究，逐步加深对模型的理解。

RQ1：本章提出的基于用户行为分析的个性化查询推荐模型较现有的方法，是否能够提高查询推荐的性能?

RQ2：在本章提出的基于用户行为分析的个性化查询推荐模型中，用户的长期查询行为和短期查询行为对模型的影响如何，即模型中参数 λ_2 的变化对模型性能的影响?

RQ3：在本章提出的基于用户行为分析的个性化查询推荐模型中，用户的行为因素和输入的查询因素分别对模型的性能有什么影响，即模型中参数 λ_1 的变化对模型性能的影响?

2.5.3　实验数据

本节在公开的数据集 AOL 上进行实验测试，预处理步骤参照文献[20]～[24]。AOL 是一个包含大量实际用户查询记录的数据集。该数据集主要包括用户 ID、查询、查询时间、URL 排序、点击 URL(Clicked URL)。

(1) 用户 ID。每一个用户都有特定的 ID 编号。

(2) 查询。用户提交的查询。

(3) 查询时间。用户提交查询的时间，精确到秒。

(4) URL 排序。如果用户在提交查询后，有点击的 URL，则该 URL 在返回列表中排序。

(5) Clicked URL。如果用户点击了一个 URL，那么记录这个 URL；如果没有，则记为 None。

该数据集包含如下从 2006 年 3 月 1 日～2006 年 5 月 31 日的用户查询记录。

(1) 36389567 行数据。

(2) 19442636 个用户点击行为实例。

(3) 16946938 个用户点击查询。

(4) 10154742 个不同的查询。

(5) 657426 个不同的用户。

本节将查询记录分割为不同的查询会话，即对同一个用户，前后两个查询时间间隔超过 30min 时，这两个查询被视为属于前后两个查询会话。仅保留至少有四个查询的会话。训练数据集为 4 月前 20 天的数据，测试数据集为 4 月后 10 天的数据。所有测试集中的查询都需要在训练集中出现过，并删除了测试集中的不合理查询。这些查询不包含在基于查询共现度方法返回的前 20 个查询建议候选者中的查询。数据处理后的数据集统计信息如表 2.2 所示。

表 2.2　数据处理后的数据集统计信息

变量	训练集	测试集
查询词总数	589726	333063
去冗余后的查询词总数	42274	42274
会话总数	107986	62437
用户总数	56737	38223
每个会话点击的平均查询次数	4.13	4.21
每个用户点击的平均查询次数	7.85	6.86

2.5.4　参数设置

在对查询推荐的性能进行评价时，一般需要一个真实测量集，表示查询推荐与真实查询之间的相关度。由于数据集中没有这个信息，因此采用下面的方法产生真实的标注集合，即查询推荐与用户下一个输入查询之间的相关度，使用 5 级量表(perfect = 4，excellent = 3，good = 2，fair = 1，bad = 0)，即

$$\mathrm{rel}_{q_0,q_c} \leftarrow \min(\lfloor \lg(\mathrm{co}(q_0,q_c)) \rfloor, 4) \tag{2.48}$$

如图 2.5 所示，查询相关度的对数大部分都小于 4。因此，可以由式(2.48)产生真实的标注集合。

对于参数，设置 $\lambda_1 = 0.5$ 、$\lambda_2 = 0.5$ 来回答 RQ1；对于 RQ2，测试不同 λ_2 的值对于模型结果的影响；对于 RQ3，设置 λ_1 从 0.1 变化为 0.9，观察不同值对模型的影响。对于使用贝叶斯概率矩阵分解来预测用户对查询的偏好，我们将贝叶斯概率矩阵分解中的潜在特征 k_f 的数量设置为 10，这通常用于克服稀疏问题。

2.5.5　结果分析

1. 不同查询推荐模型性能比较

为了回答研究问题 RQ1，本节测试了 3 个不同查询推荐模型(分别记为 Naive、

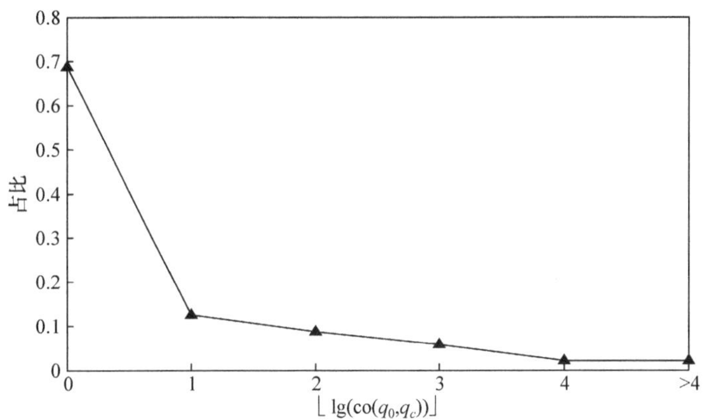

图 2.5　不同查询相关度所占的比例

SC、UB)的性能。如表 2.3 所示，其中下划线标注最好的基准模型结果，加粗标注最好的模型性能。此外，本节还进行了显著性检验。可以看出，UB 模型是性能最好的模型，▲/▼表示 $\alpha = 0.05$ 时的显著性水平。

表 2.3　不同查询推荐模型的性能

模型	MRR	NDCG@5	NDCG@10
Naive	0.6611	0.6213	0.6416
SC	0.6752	0.6412	0.6651
UB	**0.7089**▲	**0.6701**▲	**0.6907**▲

如表 2.3 所示，在基准模型中，SC 模型比 Naive 模型在 MRR、NDCG@5、NDCG@10 指标性能都要好。SC 模型在 MRR 指标上比 Naive 模型高 2.1%左右，NDCG@5 高 3.2%左右，NDCG@10 高 3.7%。可以看出，个性化对整个推荐列表准确度的提高有明显的提升。因此，我们采用 SC 模型作为比较的基准。

如表 2.3 所示，UB 模型比 SC 模型在 MRR、NDCG@5、NDCG@10 上分别高 4.99%、4.51%、3.85%。这是因为在一些情况下，用户的长期检索历史有助于预测用户在当前查询会话中的查询意图，尤其是对用户在一个查询会话中输入的第一个查询，因为这个时候没有短期查询上下文信息，此时用户的长期查询历史可以提供用户的个性化信息。因此，基于用户行为的个性化查询推荐方法可以有效提高查询推荐的准确性，对查询推荐列表整体的性能也有较大提高。下面进一步讨论不同的个性化策略对 UB 模型性能的影响。

2. 长期查询行为和短期查询行为对模型的影响

对于研究问题 RQ2，通过改变不同 λ_2 的值，从 0 到 1 观察个性化策略对于模型结果的影响。UB 模型的推荐性能随参数 λ_2 的变化情况如图 2.6 所示。

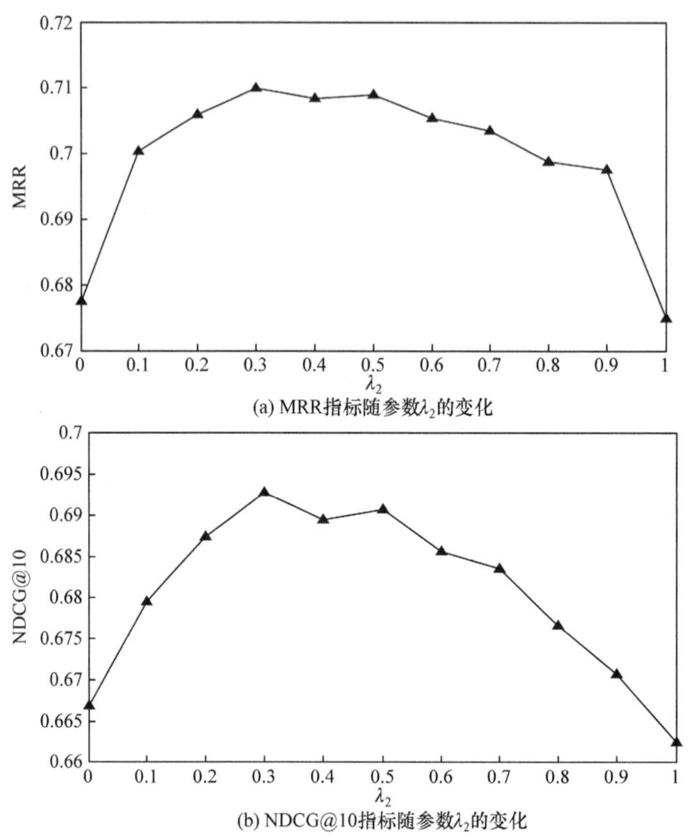

(a) MRR指标随参数λ_2的变化

(b) NDCG@10指标随参数λ_2的变化

图 2.6　UB 模型的推荐性能随参数 λ_2 的变化情况

显然，λ_2 越大，用户的长期查询行为对查询推荐的影响越大。由图 2.6(a)可以看到，当 $\lambda_2 = 0.3$ 时，MRR 达到最大。值得注意的是，会出现一个较小的 λ_2，它带来的模型性能比较大的 λ_2 性能要好。例如 $\lambda_2 = 0.2$ 时，模型的性能比 $\lambda_2 = 0.8$ 时要好。此外，如果 UB 模型仅考虑用户的短期搜索历史，当 $\lambda_2 = 0$ 时，性能要比仅考虑用户的长期搜索历史好，即 $\lambda_2 = 1$。这表明，在个性化查询推荐中，更多地考虑用户的短期搜索历史会带来更好的性能。这也是因为在同一个查询会话中，用户表达的查询主题基本相似，所以短期的查询记录更贴近用户的查询意图。

对于 NDCG@10，从图 2.6(b)可以得到相同的结论。当 $\lambda_2 = 0.3$ 时，NDCG@10 指标值最大，与仅考虑用户短期查询行为，或者只考虑用户长期查询行为的策略，UB 模型的推荐性能有较大的提高。这是因为用户的短期查询行为更能表现用户当前的查询意图，长期查询行为可以在没有查询上下文时，对用户的查询意图进行预测，因此将二者结合才能更有效地查询推荐。在后面的实验中，设置参数

$\lambda_2 = 0.3$。

3. 行为因素和输入的查询因素对模型的影响

现在讨论研究问题 3，即分析参数 λ_1 的变化对 UB 模型的影响。λ_1 是一个权重参数，它调控两个部分对查询推荐的影响，一个是用户输入的查询本身，另一个是当前查询用户的行为特征。λ_1 参数的取值越大，当前用户本身的行为特征对查询推荐的性能的影响越大。我们做了一系列关于参数 λ_1 对 UB 模型影响的实验，即将 λ_1 从 0.1 变化至 0.9，步长为 0.1，此时 λ_2=0.3。UB 模型的推荐性能随着参数 λ_1 的变化情况如图 2.7 所示。

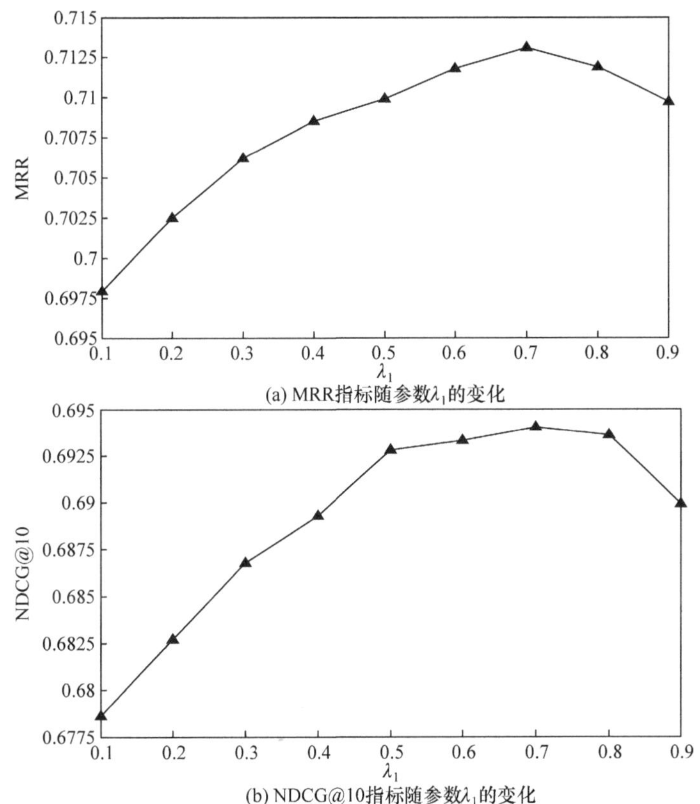

(a) MRR指标随参数λ_1的变化

(b) NDCG@10指标随参数λ_1的变化

图 2.7　UB 模型的推荐性能随着参数 λ_1 的变化情况

如图 2.7(a)所示，一个较大的 λ_1 会比较小的 λ_1 带来更好的性能。当 $\lambda_1 = 0.7$ 时，MRR 的值达到最高点。这表明，在个性化查询推荐中，当前用户的行为信息比查询本身的信息更重要。查询本身的信息主要来自查询之间的共现度和语义相似度，这部分信息主要来自网络搜索中其他用户提供的行为信息。

分析图 2.7(b)中关于 NDCG@10 的数据，我们可以得到与 MRR 数据一样的结论。因此，在个性化查询推荐中，当前用户的行为信息对提高查询推荐的准确性有更大的帮助。

2.6 本章小结

本章对用户的行为进行建模分析，建立基于用户行为分析的个性化查询推荐模型。首先，对基础贝叶斯概率矩阵分解的方法进行阐述，通过贝叶斯概率矩阵分解和 EM 算法对用户-查询的偏好矩阵进行去稀疏化，对其中的数据缺失项进行预测，得到用户-查询偏好矩阵来描述用户和查询，以及查询和查询之间的相关度。然后，对用户的长期查询行为和短期查询行为建模分析，同时考虑用户的点击行为、查询位置间隔等，并给出相应的计算过程。最终，建立基于用户行为分析的个性化查询推荐模型。

参考文献

[1] Cai F, Wang S Q, de Rijke M. Behavior-based personalization in web search. Journal of the Association for Information Science and Technology, 2017, 68(4): 855-868.

[2] Cao H H, Jiang D X, Pei J, et al. Context-aware query suggestion by mining click-through and session data//Proceedings of the 14th ACM SIGKDD International Conference on Knowledge Discovery and Data Mining, 2008: 875-883.

[3] Chapelle O, Metlzer D, Zhang Y, et al. Expected reciprocal rank for graded relevance//Proceedings of the 18th ACM Conference on Information and Knowledge Management, 2009: 621-630.

[4] Clarke C L A, Kolla M, Cormack G V, et al. Novelty and diversity in information retrieval evaluation//Proceedings of the 31st Annual International ACM SIGIR Conference on Research and development in Information Retrieval, 2008: 659-666.

[5] Craswell N, Szummer M. Random walks on the click graph//Proceedings of the 30th Annual International ACM SIGIR Conference on Research and Development in Information Retrieval, 2007: 239-246.

[6] Cui J W, Liu H Y, Yan J, et al. Multi-view random walk framework for search task discovery from click-through log//Proceedings of the 20th ACM International Conference on Information and Knowledge Management, 2011: 135-140.

[7] Guo J F, Cheng X Q, Xu G, et al. Intent-aware query similarity//Proceedings of the 20th ACM International Conference on Information and Knowledge Management, 2011: 259-268.

[8] Huang C K, Chien L F, Oyang Y J. Relevant term suggestion in interactive web search based on contextual information in query session logs. Journal of the American Society for Information Science and Technology, 2003, 54(7): 638-649.

[9] Jiang D, Leung K W T, Vosecky J, et al. Personalized query suggestion with diversity awareness//

2014 IEEE 30th International Conference on Data Engineering, 2014: 400-411.

[10] Kharitonov E, Macdonald C, Serdyukov P, et al. Intent models for contextualising and diversifying query suggestions//Proceedings of the 22nd ACM International Conference on Information and Knowledge Management, 2013: 2303-2308.

[11] Kruschwitz U, Lungley D, Albakour M D, et al. Deriving query suggestions for site search. Journal of the American Society for Information Science and Technology, 2013, 64(10): 1975-1994.

[12] Kurland O, Lee L. Corpus structure, language models, and Ad Hoc information retrieval// Proceedings of the 27th Annual International ACM SIGIR Conference on Research and Development in Information Retrieval, 2004: 194-201.

[13] Leung K W T, Lee D L, Ng W, et al. A framework for personalizing web search with concept-based user profiles. ACM Transactions on Internet Technology, 2008, 11(4): 1-29.

[14] Li L, Yang Z L, Liu L, et al. Query-URL bipartite based approach to personalized query recommendation//AAAI Conference on Artificial Intelligence, 2008, 8: 1189-1194.

[15] Ma H, Yang H, King I, et al. Learning latent semantic relations from clickthrough data for query suggestion//Proceedings of the 17th ACM Conference on Information and Knowledge Management, 2008: 709-718.

[16] Pass G, Chowdhury A, Torgeson C. A picture of search//Proceedings of the 1st International Conference on Scalable Information Systems, 2006: 1.

[17] Salakhutdinov R R, Mnih A. Probabilistic matrix factorization. Advances in Neural Information Processing Systems, 2007, 20: 126-138.

[18] Sharma S, Mangla N. Obtaining personalized and accurate query suggestion by using agglomerative clustering algorithm and P-QC method. International Journal of Engineering Research and Technology, 2012, 1(5): 28-35.

[19] Shah C, Croft W B. Evaluating high accuracy retrieval techniques//Proceedings of the 27th Annual International ACM SIGIR Conference on Research and Development in Information Retrieval, 2004: 2-9.

[20] Song Y, Zhou D Y, He L W. Post-ranking query suggestion by diversifying search results// Proceedings of the 34th International ACM SIGIR Conference on Research and Development in Information Retrieval, 2011: 815-824.

[21] Mikolov T, Chen K, Corrado G, et al. Efficient estimation of word representations in vector space//International Conference on Learning Representations, 2013: 23-31.

[22] Torres S D, Hiemstra D, Weber I, et al. Query recommendation in the information domain of children. Journal of the Association for Information Science and Technology, 2014, 65(7): 1368-1384.

[23] Vallet D, Castells P. Personalized diversification of search results//Proceedings of the 35th International ACM SIGIR Conference on Research and Development in Information Retrieval, 2012: 841-850.

[24] Verberne S, Sappelli M, Järvelin K, et al. User simulations for interactive search: evaluating personalized query suggestion//European Conference on Information Retrieval, 2015: 678-690.

第 3 章　基于多样化和个性化相结合的查询推荐方法

个性化查询推荐针对特定用户的兴趣爱好进行挖掘，得到的查询推荐候选项主题往往相似。这样，一方面会导致推荐列表的冗余，另一方面当用户的查询意图或者查询主题发生变化时，个性化查询推荐方法得到的推荐列表性能就会相对较差，甚至不包含用户期望的查询。因此，本章提出将个性化查询推荐和多样化查询推荐相结合的方法，一方面可以增加查询推荐的主题多样性，减少推荐列表的冗余，另一方面可以提高查询推荐列表的准确率。

3.1　问 题 描 述

本章考虑将信息检索领域两个重要的概念结合到查询推荐方法中，即多样化和个性化。多样化能够尽可能地扩大查询推荐列表的主题，满足用户在多种不同情况下可能的信息需求，提高推荐列表被用户点击的可能性。个性化旨在对特定的用户进行兴趣爱好的分析，基于该用户的兴趣爱好进行查询推荐，尽可能地推荐用户可能感兴趣的查询，提高查询推荐列表的准确率，即提高排在查询推荐列表靠前的查询被用户点击的概率[1-14]。这两个概念并不是互相矛盾的，将二者有效结合，可以在一定程度上提高查询推荐列表前面几个查询推荐的准确性，同时提高查询推荐列表在不同的情况下都能被点击的概率。下面通过一个实例进行解释。

假设一个用户输入的查询词为“eclipse”，希望寻找一些和 Eclipse 软件或者 Java Development Kit 相关的编程问题。多样化的查询推荐会尽可能推荐更多包含“eclipse”的主题。具体来说，多样化推荐可能会给出以下查询，如“Java Eclipse”、“Eclipse song of C.N.Blue”、“Car of Eclipse”等，其中“Eclipse song of C.N.Blue”是一首歌的名字，“Car of Eclipse”则是一种车系列的名字。如果推荐的查询“Eclipse song of C.N.Blue”、“Car of Eclipse”排在比“Java Eclipse”更靠前的位置，对于该用户来说，明显不符合用户查询意图。相反，个性化查询主要关注用户的长期查询记录，通过分析用户的兴趣爱好，进行查询推荐。例如，一个程序员输入查询词为“eclipse”希望寻找一些和 Eclipse 系列的车相关的信息，而个性化查询推荐根据程序员的历史查询则会推荐给用户大量和软件 Eclipse 相关的查询，这显然也无法满足用户的查询意图和需求。

因此，本章结合多样化查询推荐和个性化查询推荐方法的目的是，针对特定的用户，根据用户的长期查询记录和短期查询记录，返回给用户一组查询推荐列表。该列表包含的查询主题尽可能多，同时将用户可能最感兴趣的查询排在列表靠前的位置。

本章首先利用 LDA 主题模型得到查询在不同主题上的分布，然后对多样化查询推荐进行建模，使查询推荐列表包含的主题尽可能多，同时又能满足用户的查询意图，提出基于贪婪算法的多样化查询推荐模型。在此基础上，加入个性化因素，即结合用户的长期检索历史，考虑特定用户的兴趣爱好，建立结合多样化和个性化的查询推荐模型。基于多样化和个性化相结合的查询推荐方法框架如图 3.1 所示。

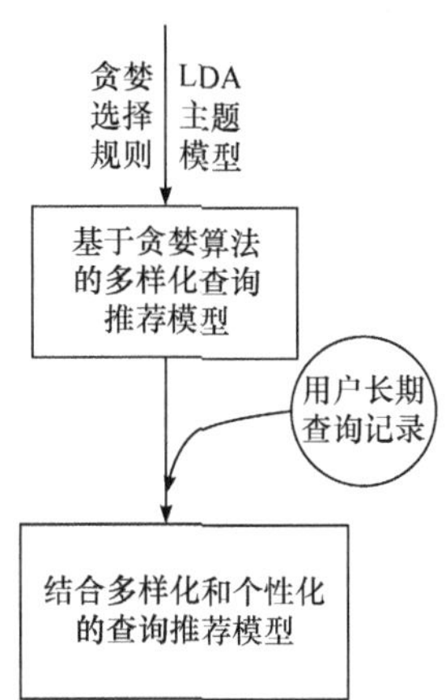

图 3.1　基于多样化和个性化相结合的查询推荐方法框架

3.2　基于贪婪算法的多样化查询推荐模型

3.2.1　模型假设和符号说明

1. 模型假设

查询推荐多样化旨在降低查询推荐列表的冗余，提高查询推荐主题的多样化。首先，简化查询推荐多样化的问题目标，即在返回的查询推荐列表中至少有一个是用户满意的查询推荐。在此基础上，尽可能降低列表的主题冗余度，丰富查询推荐列表的主题个数。

在介绍方法之前，先给出以下假设。

(1) 查询上下文 S_C，查询词 q_0 之前的会话中包含的查询集合为 $\{q_1,q_2,\cdots,q_t\}$。

(2) 用户输入的查询词为 q_0。

(3) 在用户输入 q_0 时，基于基准方法得到的查询推荐的初始列表为 R_I，

$|R_I| = L_I$。

(4) $P_c(q_c | a, q_0, S_C)$ 表示在给定用户输入的查询词 q_0 ，以及 q_0 的查询上下文 S_C 时，查询推荐的候选项 q_c 满足主题 a 的概率。

2. 符号说明

为了增加可读性，方便理解，表 3.1 给出了本章所用的符号说明。

表 3.1 本章符号说明

符号	说明
u	特定的用户
a	特定的主题
M	主题的个数
q_0	用户输入的查询词
q_c	一个查询推荐项
S_C	查询上下文，即一个查询会话中 q_T 之前的查询序列 $\{q_1, q_2, \cdots, q_{T-1}\}$
T	一个查询会话中的查询个数
q_t	查询会话中的第 t 个查询 $(t=1,2,\cdots,T)$
R_I	初始的查询推荐列表
R_S	重排序后的查询推荐列表
λ_1	权重参数(调节语义相似度和查询上下文之间的贡献度)
λ_2	权重参数(调节多样化和个性化在查询推荐中的贡献度)
$f(q)$	包含查询 q 的查询会话的个数
co_{q_1,q_2}	同时包含查询 q_1 和 q_2 的查询会话的个数
θ	延迟系数
$D(q_t, q_T)$	查询 q_t 和 q_T 之间的位置间隔
$Q(u)$	用户 u 提交过的所有查询
v_q	查询 q 的主题分布向量
$v_q(a_i)$	查询 q 在主题 a_i 上的分量
v_d	文档 d 的主题分布向量
$f(q,d)$	查询 q 下点击文档 d 的次数

3.2.2 基于 LDA 主题模型的查询-主题分布

对于多样化查询推荐模型，关键的部分是获得各个查询在每个主题上的分布情况[15-20]。本章基于 LDA 主题模型和 ODP(open directory project，开放式的查询字典)得到查询-主题的分布。首先对 LDA 主题模型进行介绍，然后阐述如何得到查询在各个主题上的分布情况。

1. LDA 主题模型

1) 基本原理

主题模型，顾名思义，就是对主题分布进行建模分析。为了更容易理解主题模型的原理，下面举一个常见例子来说明。一般情况下，当需要写一篇文章时，会按如下思路进行，首先确定这篇文章要包括哪些主题，各占多少内容和篇幅。例如，一篇讨论查询推荐的文章，40%讨论查询推荐的意义，40%讨论查询推荐的方法，还有 20%讨论查询推荐的未来发展。这样确定主题以后，对于每一个主题，都会想到一系列和主题相关的词。

(1) 与查询推荐意义相关的词，如提高用户满意度、辅助查询、提高检索效率等。

(2) 与查询推荐方法相关的词，如多样化、个性化、查询历史、点击行为、相关度等。

(3) 与查询推荐未来发展相关的词，如进一步提高、加强、优化等。

可以看出，一篇文章往往由若干个主题构成，而每个主题由若干个词组成，那么主题就可以认为是单词的概率分布，不同的主题对不同的单词具有不同的概率。

最早将这种想法进行明确数学化描述的是 Hoffman 的 PLSA(probabilistic latent semantic analysis，概率潜在语义分析)模型，之后 Blei 从贝叶斯的角度改进 PLSA 模型，认为得到文章主题分布的参数也应该服从一个分布，进而得到如今广泛使用的 LDA 模型。LDA 模型是一个非常实用的模型，在个性化推荐、热点新闻发现、前沿科学问题发现预测、广告预测等领域应用广泛[20-25]。

2) 算法设计

在 PLSA 模型中，可以将一篇文章的产生理解为一个掷骰子的过程。例如，要写一篇有 K 个主题，每个主题用 V 个单词来描述的文章，则这篇文章的产生过程如下。

(1) 主题生成。假设有一个文档-主题(doc-topic)的骰子，它有 K 个面，每个面代表一个主题；同时拥有 K 个主题-单词(topic-word)的骰子，每个骰子对应一个主题，每个骰子拥有 V 个面，每个面代表一个单词。

(2) 文档生成。首先，抛文档-主题的骰子，得到一个主题编号 z，然后选取编号为 z 的主题-单词的骰子，抛一次，得到一个单词，这样如此循环往复，就可以生成一篇文档。

PLSA 模型认为，每篇文档都可以特定制作一个文档-主题骰子。这显然是频率学派的观点，Blei 是贝叶斯观点的支持者，文档-主题骰子 θ_m (即各面出现的概率)和主题-单词骰子 φ_k 都是模型的参数，参数都是随机变量。贝叶斯学派的一个核心观点是，一切随机变量都有先验分布。因此，Blei 就在两个骰子的参数前加上先验分布，从而把 PLSA 模型对应的游戏过程改造为贝叶斯的游戏过程。由于 θ_m 和 φ_k 都对应到多项式分布，因此先验分布的一个好的选择就是狄利克雷(Dirichlet)分布。这样就可以得到经典的 LDA 模型。

在 LDA 模型中，Blei 认为其是按照如下过程进行文档生成游戏的(假设每篇文档有 K 个主题，每个主题可用 V 个单词描述)。

(1) 假设有一罐文档-主题的骰子，一罐主题-单词的骰子。

(2) 从主题-单词的罐子中取出 K 个骰子，代表每个主题。

(3) 首先从文档-主题的罐子中取出一个骰子，然后按照以下过程生成一个单词，即先抛文档-主题的骰子，得到主题的编号，再抛相应编号主题的骰子，生成单词，如此循环，最终生成一篇文档。

2. 查询在各个主题上的分布

1) 算法设计

在 PQSD 模型中，一个关键的问题就是如何得到各个查询内容的主题分布情况。因为单个查询内容较短，直接获得主题结果并不准确，所以考虑根据查询点击的文档信息区分查询的主题，这样比直接用查询本身更有意义。这种方法在信息检索多样化领域经常被使用。主要通过以下三步获得查询-主题的分布。

(1) URL 的抽取与匹配。在查询记录中，对每个查询抽取相关的点击 URL 集合，然后在 ODP 中找到每个 URL 对应的描述性文档，并将这些描述性文档作为每个查询的文档集。需要指出的是，在用查询记录中的 URL 匹配 ODP 中的 URL 时，取其前两级作为匹配对象。这种通过抽取用户行为中的点击行为进行推荐的方法被很多研究采用，同时也证明在衡量文档和查询之间的相关度时，这种方法的有效性。

(2) LDA 主题模型训练。将每个查询的文档集用 LDA 主题模型训练，得到每个文档在主题上的分布。LDA 是一种高效无监督学习的主题模型，用来寻找每个文档的主题分布。它可以将文档集中每篇文档的主题以概率分布的形式给出，从而通过分析一些文档抽取它们的主题(分布)，根据主题(分布)进行主题聚类或文本分类等工作。同时，它也可以返回每个主题下包含的主题词。

(3) 查询的主题分布的获取。通过 LDA 主题模型的训练，可以得到点击文档 URL 对应的主题分布。因此，查询的主题分布和 URL 的主题分布是直接相关的。且直观来看，一个查询点击某个 URL 的次数越多，它们的主题分布相关性就越

高。因此，根据式(3.1)可以产生查询的主题分布，即

$$v_q = \sum_{d \in D(q)} v_d \times f(q,d) \tag{3.1}$$

其中，$D(q)$ 为查询 q 下所有点击文档的集合；v_d 为文档 d 的主题分布(通过 LDA 主题模型得到)；$f(q,d)$ 为在查询 q 下点击文档 d 的次数。

通过每个查询相对的文档和 LDA 主题模型，可以得到查询-主题的分布。主题向量中的每个值表示查询与主题之间的相关度。

2) 异常处理

基于 LDA 主题模型可以得到查询-主题分布的方法。对于查询及其对应的点击文档之间的关系，在查询记录中，仍然存在一些查询没有对应的点击文档，称这种查询为异常查询。在本节中，对这种异常查询设计产生其主题分布的算法。

异常查询没有相应的点击文档，可能是其查询词构造的不好，无法体现用户的查询意图，或者查询中出现拼写错误等。因此，这种查询可利用的信息较少，考虑与其语义相似度较高的查询。研究表明，两个语义相似度较高的词往往表达相似的主题，也就是具有相似的主题分布。因此，对于某个无点击行为的查询 q_{nc} 的主题分布，用与语义相似度最高的且有点击行为的查询 q_{vector} 的主题分布来代替，即

$$q_{\text{vector}} \leftarrow \arg\max_{q_v \in Q_v} \cos(q_{nc}, q_v) \tag{3.2}$$

其中，Q_v 为所有有点击行为的查询。

具体的算法表示为算法 3.1。在步骤 4，选取与 q_{nc} 最相似的查询 q_{vector}。在步骤 5，将 q_{vector} 的主题分布赋值给 q_{nc}。

算法 3.1：处理异常查询的主题分布

输入：一个没有点击行为查询 q_{nc}；

有点击行为的查询集合 Q_v 及其相应的主题向量集合 V

输出：q_{nc} 的主题向量 $v_{q_{nc}}$

1. for $q_v \in Q_v$ **do**

2. $\quad \text{score}(q_v) = \cos(q_{nc}, q_v)$　%语义相似度

3. end for

4. $q_{\text{vector}} \leftarrow \arg\max_{q_v \in Q_v} \text{score}(q_v)$

5. $v_{q_{nc}} \leftarrow v_{q_{\text{vector}}} \in V$

---

6. return $v_{q_{nc}}$ to q_{nc}

3.2.3 多样化查询推荐模型

1. 模型建立

简化查询推荐多样化问题的目标，主要是在返回的查询推荐列表 N 中至少有一个是用户满意的查询推荐基础上，尽可能丰富查询推荐列表的主题数量。给定查询上下文 S_C，R_S 是包含前 N 个查询推荐的列表，$R_S \subseteq R_I$、$|R_S| = N$、$N \leqslant L_I$。该目标可以由式(3.3)描述的概率最大化实现，即

$$P(R_S \mid q_0, S_C) = 1 - \prod_{q_c \in R_S} (1 - P(q_c \mid q_0, S_C)) \tag{3.3}$$

其中，$P(q_c \mid q_0, S_C)$ 表示在给定查询上下文 S_C，用户输入查询词 q_0 的条件下，查询推荐 q_c 满足用户查询主题的概率；根据查询独立性假设，$1 - \prod_{q_c \in R_S} (1 - P(q_c \mid q_0, S_C))$ 表示至少有一个查询满足用户需求的概率。

将式(3.3)表示为查询主题上的公式，即

$$P(R_S \mid q_0, S_C) = \sum_a \left[1 - \prod_{q_c \in R_S} (1 - P(q_c \mid q_0, a, S_C)) \right] \tag{3.4}$$

这样查询推荐可以实现多样化，保证在返回的查询推荐列表中至少有一个是用户满意的查询推荐，同时消除查询推荐列表中的冗余，使查询推荐列表包含的主题数目尽可能多。

本章提出的基于贪婪算法的多样化查询推荐模型就是每一次从 $R_I \setminus R_S$ 集合中选出一个查询推荐放入 R_S 中。选择的规则是，在每一步选择和之前选择的在 R_S 中的查询最不相同，但又与用户查询意图最相关的查询，加入 R_S 中，其中 $q^* \in R_I \setminus R_S$，直到 $|R_S| = N$，即

$$q^* \leftarrow \underset{q_c \in R_I \setminus R_S}{\arg\max} \sum_a P(q_c \mid q_0, a, S_C) \prod_{q_s \in R_S} (1 - P(q_s \mid q_0, a, S_C)) \tag{3.5}$$

其中，$P(q_c \mid q_0, a, S_C)$ 表示在查询主题 a 和当前查询上下文 S_C 中，用户输入查询词 q_0 后，接着下一个提交候选查询推荐项 q_c 的概率；$P(q_s \mid q_0, a, S_C)$ 表示已经选择到排序列表 R_S 中的查询推荐项，在当前查询上下文和用户提交查询下，满足用户查询主题 a 的概率。

这样就可以建立相应的贪婪选择规则，通过每一次计算，选取相应的查询推荐候选项加入推荐列表 R_S，实现对初始列表的重排序，保证查询推荐列表包含的主题尽可能多。下面就基于贪婪算法的多样化查询推荐模型(式(3.5))进行具体分析和讨论。

2. 模型分析

对于式(3.5)中 $P(q_c \mid q_0, a, S_C)$ 表示的查询，在给定查询上下文 S_C，以及用户输入查询词 q_0 的条件下，查询推荐 q_c 满足用户查询主题 a 的概率。假设这个概率由以下两部分组成，并且由折中系数 $\lambda_1 (0 \leqslant \lambda_1 \leqslant 1)$ 来控制这两部分的权重，即

$$P(q_c \mid q_0, a, S_C) \leftarrow \lambda_1 P(q_c \mid q_0) + (1-\lambda_1) P(q_c \mid a, S_C) \tag{3.6}$$

对于第一部分的 $P(q_c \mid q_0)$，它表示一个查询推荐 q_c 满足用户输入查询词 q_0 的概率。直观来看，一个查询推荐 q_c 和输入查询词 q_0 的共现次数越多，语义相似度越高，则查询推荐 q_c 满足用户输入查询词 q_0 的概率越高。因此，可以进一步将 $P(q_c \mid q_0, a, S_C)$ 表示为以下 3 个部分。

(1) 查询推荐 q_c 和输入查询词 q_0 的共现次数。

(2) 查询推荐 q_c 和输入查询词 q_0 的语义相似度。

(3) 查询推荐 q_c 和查询上下文 S_C 的相关度。

基于上述分析和查询之间的独立性假设，$P(q_c \mid q_0, a, S_C)$ 为

$$\begin{aligned} P(q_c \mid q_0, a, S_C) &\leftarrow \lambda_1 (C(q_c, q_0) \cdot S(q_0, q_c)) + (1-\lambda_1) P(q_c \mid a, S_C) \\ &= \lambda_1 (C(q_c, q_0) \cdot S(q_0, q_c)) + (1-\lambda_1) P(q_c \mid a, q_1, q_2, \cdots, q_{T-1}) \\ &= \lambda_1 (C(q_c, q_0) \cdot S(q_0, q_c)) + (1-\lambda_1) \prod_{q_t \in S_C} P(q_c \mid a, q_t) \end{aligned} \tag{3.7}$$

下面解释上述 3 个部分是如何计算得到的。首先第 1 部分，即查询推荐 q_c 和输入查询词 q_0 的共现次数，可以通过式(3.8)计算得到，即

$$C(q_c, q_0) = \frac{\mathrm{co}_{q_c, q_0}}{f_{q_c} + f_{q_0} - \mathrm{co}_{q_c, q_0}} \tag{3.8}$$

其中，f_q 表示包含 q 的会话个数；co_{q_c, q_0} 表示同时包含 q_c 和 q_0 的会话个数。

这是根据共现度算法提出的基于查询相关度的推荐算法。

对于第 2 部分，即查询之间语义相似度的计算，通过 word2vec 模型查询记录数据，利用 Google 公布的数据集进行训练学习，将查询表示成向量形式，通过计算向量之间的余弦值得到查询之间的语义相似度。可以计算两个查询中查询字之间的余弦相似度，进而计算两个集合中词向量的平均余弦相似度，即

$$S_{q_0, q_c} \leftarrow \cos(q_0, q_c) = \frac{1}{W} \sum_{w_k \in q_0} \sum_{w_j \in q_c} \cos(w_k, w_j) \tag{3.9}$$

对于第 3 部分，$P(q_c \mid a, q_t)$ 表示查询推荐 q_c 和在查询上下文中的 q_t 在主题 a 上的距离。首先，将查询表示成主题分布的形式。然后，考虑两个查询在会话中距离越近，相同的查询主题的可能性就越大，将 $P(q_c \mid a, q_t)$ 表示为

$$P(q_c \mid a,q_t) \leftarrow \theta_t \times \left(1-\frac{|v_{q_c}(a)-v_{q_t}(a)|}{\sqrt{\sum_{i=1}^{M}(v_{q_c}(a_i)-v_{q_t}(a_i))^2}}\right) \tag{3.10}$$

其中，$\theta_t=\dfrac{1}{D(q_t)+1}$表示距离因子；$D(q_t)$表示在查询上下文$S_C$中，$q_t$和最后一个查询$q_T$之间的间隔距离，例如对于上下文中最后一个查询$q_T$，$\theta_T=1$；$M$表示主题的个数；$v_{q_c}(a_i)$表示查询$q_c$在主题$a_i$上的分量，即与主题$a_i$的相关度。

对于式(3.5)中的$P(q_s \mid q_0,a,S_C)$，表示在列表R_S中的查询在用户输入为q_0，查询上下文为S_C的情况下，满足主题a的概率。基于查询独立性假设，将$P(q_s \mid q_0,a,\ S_C)$简化为

$$P(q_s \mid q_0,a,S_C) \leftarrow P(q_s \mid a,S_C)=\prod_{q_t \in S_C} P(q_s \mid a,q_t) \tag{3.11}$$

其中，$P(q_s \mid a,q_t)$的计算过程同式(2.10)中$P(q_c \mid a,q_t)$的计算过程。

至此，对基于贪婪算法的查询推荐多样化模型进行了分析，并对其中每个部分的计算过程进行了理论推导。关于查询的主题分布，采用基于 LDA 主题模型和 ODP 的方法得到。在该多样化查询推荐模型的基础上，将多样化和个性化相结合建立查询推荐模型。

3.3　基于多样化和个性化相结合的查询推荐模型

3.3.1　模型构建

在基于贪婪算法的查询推荐多样化模型中，没有将特定用户的行为信息考虑进来，即个性化信息。在多样化模型中，考虑用户u的长期搜索历史，贪婪选择规则可以改进为

$$q^* \leftarrow \mathop{\arg\max}_{q_c \in R_I \setminus R_R} \sum_a P(q_c \mid q_0,a,S_C,u) \prod_{q_s \in R_R} (1-P(q_s \mid a,q_0,S_C,u) \tag{3.12}$$

其中，u表示特定的用户；$P(q_c \mid q_0,a,S_C,u)$表示在给定用户u、查询上下文S_C，以及查询主题a的情况下，用户输入q_0后，下一个接着输入的查询为查询候选项q_c的概率。

这样可以保证查询推荐列表包含尽可能多的主题，同时其靠前的查询推荐能够满足用户兴趣爱好和查询意图，提高查询推荐列表的准确率。下面对该模型进行具体的分析。

3.3.2　模型分析

对式(3.12)中的$P(q_c \mid q_0,a,S_C,u)$，根据贝叶斯法则可得

$$P(q_c \mid q_0,a,S_C,u)=\frac{P(q_c)P(q_0,a,S_C,u \mid q_c)}{P(q_0,a,S_C,u)} \tag{3.13}$$

对式(3.13)中的 $P(q_c),P(a,u,q_0,S_C)$，假设其为均匀分布，因此有 $P(q_c \mid q_0,a,S_C,u) \propto P(a,u,q_0,S_C \mid q_c)$。

对于式(3.13)中的 $P(q_0,a,S_C,u|q_c)$，可以将其看作多样化和个性化策略的结合，转化为下面两个部分，由折中系数 λ_2 控制各部分的权重，即

$$P(q_0,a,S_C,u \mid q_c) \leftarrow \lambda_2 P(q_0,a,S_C \mid q_c)+(1-\lambda_2)P(u,q_0,S_C \mid q_c) \tag{3.14}$$

根据贝叶斯定理，$P(a,q_0,S_C \mid q_c)$ 和 $P(u,q_0,S_C \mid q_c)$ 可以表示为

$$P(a,q_0,S_C \mid q_c)=\frac{P(q_c \mid a,q_0,S_C)P(q_0,a,S_C)}{P(q_c)} \tag{3.15}$$

$$P(u,q_0,S_C \mid q_c)=\frac{P(q_c \mid u,q_0,S_C)P(u,q_0,S_C)}{P(q_c)} \tag{3.16}$$

式(3.15)中的 $P(q_c|a,q_0,S_C)$ 可以通过式(3.7)计算得到；对于 $P(q_c \mid u,q_0,S_C)$，假设在给定输入查询词 q_0 的条件下，u、q_0、S_C 相互独立，即

$$P(q_c \mid u,q_0,S_C) \propto \prod_{q_t \in S_C} P(q_c \mid u)P(q_c \mid q_0)P(q_c \mid q_t) \tag{3.17}$$

通过式(3.18)可以得到 $P(q_c \mid u)$，即

$$P(q_c \mid u) \leftarrow \frac{\sum_{q \in Q(u)} S(q_c,q)}{N} \tag{3.18}$$

其中，$Q(u)$ 为用户 u 查询记录中的查询；N 为用户 u 查询记录中的查询个数；$S(q_c,q)$ 返回两个查询之间的语义相似度。

对于式(3.12)中的 $P(q_s \mid q_0,a,S_C,u)$，与 $P(q_c \mid q_0,a,S_C,u)$ 相似，利用查询独立性假设和贝叶斯原理，可以得到多样化和个性化的两部分，即

$$P(a,q_0,S_C \mid q_s)=\frac{P(q_s \mid a,q_0,S_C)P(a,q_0,S_C)}{P(q_s)} \tag{3.19}$$

$$P(u,q_0,S_C \mid q_s)=\frac{P(q_s \mid u,q_0,S_C)P(u,q_0,S_C)}{P(q_s)} \tag{3.20}$$

其中，$P(q_s|a,q_0,S_C)$ 可以通过式(3.11)计算得到；$P(q_c|u,q_0,S_C)$ 可以通过与 $P(q_s|u,q_0,S_C)$ 相同的方式得到。

至此，本章给出结合多样化和PQSD模型的建立过程，并对其中的每个部分进行了详细地介绍和理论推导。该模型的具体算法过程如算法3.2所示。

算法 3.2：结合多样化和个性化的查询推荐模型

输入：用户输入的查询词 q_0；

初始的查询推荐列表 R_I；

查询推荐列表最终返回的推荐数量 N；

查询上下文 S_C；

特定查询用户 u 的长期查询记录

输出： 有个重排序后的查询推荐列表 R_S

1. $R_S = \varnothing$

2. for $q_c \in R_I$ **do**

3. $\text{FirstQuery}(q_c) \leftarrow P(q_c \mid q_0, a, S_C, u)$；% 第一个查询建议

4. end for

5. $q^* \leftarrow \arg\max\limits_{q_c \in R_I} \text{FirstQuery}(q_c)$

6. $R_S \leftarrow R_S \cup \{q^*\}$

7. $R_I \leftarrow R_I \setminus \{q^*\}$

8. for $|R_S| \leqslant N$ **do**

9. **for** $q_c \in R_I$ **do**

10. $s(q_c) \leftarrow \sum\limits_a P(q_c \mid q_0, a, S_C, u) \prod\limits_{q_s \in R_S} (1 - P(q_s \mid a, q_0, S_C, u))$

11. **end for**

12. $q^* \leftarrow \arg\max\limits_{q_c} s(q_c)$

13. $R_S \leftarrow R_S \cup \{q^*\}$

14. $R_I \leftarrow R_I \setminus \{q^*\}$

15. end for

16. return R_S

首先，初始化查询推荐列表 R_S，将 $q^* \leftarrow \arg\max\limits_{q_c \in R_I} P(q_c \mid q_0, a, S_C, u)$ 作为第一个填入查询推荐列表的项，通过步骤 2～步骤 6 完成。然后，通过步骤 8～步骤 15，实现贪婪选择的过程，不断地选择查询推荐项填入 R_S，直至 $|R_S| = N$。在步骤 10～步骤 12，确保每次选的查询推荐项都与之前选出来的在 R_S 列表中的查询推荐主题不一样，但是又与用户输入的查询词 q_0 相关。

3.4 实验与结果分析

为了验证本章提出的模型的有效性，本节在 AOL 数据集上开展实验，并对

实验的结果进行分析讨论。

3.4.1　查询推荐性能衡量指标

对于查询推荐列表的性能，现有的研究主要采用下列指标进行衡量。

(1) MRR。这是一个较为标准的衡量指标，假设用户输入的初始查询词为 q_0，紧接着输入下一个查询词为 q'，对于 q_0，其查询推荐列表为 R_S，那么 R_S 的 RR 如式(2.42)所示。

最后对所有查询推荐列表的 RR 取平均值，即该查询推荐方法的 MRR 指标。从这个角度看，MRR 指标是一个精度衡量指标。

(2) α-nDCG@N。α-nDCG@N 是信息检索领域经常用来衡量多样化性能的指标。α-nDCG@N 是在 NDCG 指标上对每个主题进行的扩展，即

$$\alpha\text{-nDCG@}N = Z_N \sum_{i=1}^{N} \frac{\sum_{a \in A_P} g_{i|a} (1-\alpha)^{\sum_{j=1}^{i-1} g_{j|a}}}{\log_2(i+1)} \tag{3.21}$$

其中，a 为特定的主题；A_P 为所有的主题集合；$g_{i|a}$ 为第 i 个查询推荐在主题 a 上的相关度等级增益；α 用来控制在多样化程度和相关度之间的权重，通常取 $\alpha = 0.5$，表示多样化和相关性同等重要。

这些多样化指标对新增的主题有正反馈，对冗余的主题有惩罚性的负反馈。

3.4.2　实验设计

在评价结合多样化和个性化的查询推荐模型时，本章选取一些具有代表性的查询推荐模型进行实验对比，以验证该模型的有效性。下面对这些模型进行简要介绍，具体包括两种现有的查询推荐多样化模型，以及本章提出的 PQSD 模型的四种变形。

(1) 用户当前查询会话的两种变形。

① AS(all-short)，即用当前查询会话中所有的查询作为查询上下文。

② CS(click-short)，即仅用当前查询会话中被点击的查询作为查询上下文。

(2) 用户长期查询记录的两种变形。

① AL(all-long)，即用长期查询记录中所有的查询作为用户长期行为。

② CL(click-long)，即仅用用户长期查询记录中被点击的查询作为用户的长期行为。

对比模型一览表如表 3.2 所示。

表 3.2　对比模型一览表

模型	描述	来源
MMR	基于最大化边缘相关度的查询推荐多样化模型	文献[6]
DQS	基于查询 URL 二部图和马尔可夫随机游走方法的查询推荐多样化模型	文献[3]
$\text{PQSD}_{\text{AL+AS}}$	PQSD 模型采用用户长期查询记录中的所有查询，以及当前查询会话中的所有查询作为用户行为	本章
$\text{PQSD}_{\text{AL+CS}}$	PQSD 模型采用用户长期查询记录中的所有查询，以及当前查询会话中的所有被点击过的查询作为用户行为	本章
$\text{PQSD}_{\text{CL+AS}}$	PQSD 模型采用用户长期查询记录中的所有被点击的查询，以及当前查询会话中的所有查询作为用户行为	本章
$\text{PQSD}_{\text{CL+CS}}$	PQSD 模型采用用户长期查询记录中的所有被点击的查询，以及当前查询会话中的所有被点击的查询作为用户行为	本章

本章通过对以下问题的研究逐步加深对模型的理解。

RQ1：本章提出的结合多样化和个性化的查询推荐模型较现有的方法，是否能够提高查询推荐的性能？

RQ2：不同个性化策略的选择对模型的影响如何，即关于长期查询记录和短期查询记录采用所有查询还是点击查询对 PQSD 模型性能的影响？

RQ3：不同多样化和个性化权重的设置对模型的性能有什么影响，即模型中参数 λ_2 的变化对模型性能的影响？

RQ4：随着查询推荐个数的增加，模型的性能变化如何，即模型对查询推荐个数参数的敏感性如何？

3.4.3　实验数据

本章采用 AOL 数据集进行实验测试。在数据预处理阶段，对数据进行清洗，去除存在不正常符号的查询，只保留一些包含正常字符的查询词，即包含 a、b、c、…、z 和空格的查询词。除此之外，将查询按照 30min 为间隔，划分成不同的查询会话。对于测试集和训练集的选取，移除测试集中没有在训练集中出现过的查询词[26-31]。

用户在提交一个查询词后，可能存在点击或者没有点击的行为。当一个用户提交查询词后，如果产生点击行为，那么称这个查询为点击查询。直观来讲，存在点击行为的查询应该是用户更满意的查询结果[32,33]。因此，移除那些不存在点击的查询会话。数据处理后的数据集统计信息如表 3.3 所示。

表 3.3　数据处理后的数据集统计信息

变量	训练集	测试集
查询词总数	7256569	2628284

续表

变量	训练集	测试集
去冗余后的查询词总数	746796	373397
会话总数	1428962	714481
用户总数	220946	110473
每个会话点击的平均查询次数	4.37	4.35
每个用户点击的平均查询次数	28.87	28.91

3.4.4　参数设置

同样，该实验也需要产生真实的标注集合。根据文献[1]计算查询 q 和一个主题 a 之间的相关度，使用 5 级量表(perfect = 4、excellent = 3、good = 2、fair = 1、bad= 0)，即

$$\mathrm{rel}_{q,a} \leftarrow \min(\lfloor v_q(a) \rfloor, 4) \tag{3.22}$$

采用 MRR 指标和 α-nDCG 指标衡量模型推荐准确度和多样化程度。在参数设置上，根据文献[1]，设置 $\lambda_1 = 0.51$；在 LDA 模型中[1]，设置主题的数量为 $M = 100$，分布参数 $\alpha = 0.01$、$\beta = 0.1$。

对于参数 λ_2，控制多样化和个性化的权重参数，在分析其对模型性能的影响时，设置该参数变化从 0～1，步长为 0.1，观察其变化；在研究其他问题时，我们将其设置为 $\lambda_2 = 0.5$。

对于查询推荐的数量，当回答研究问题 RQ1、RQ2、RQ3 时，本章将其设置为 $N = 10$。这也是一个比较普遍的查询推荐数量。在回答研究问题 RQ4 时，通过改变该数值，观察模型性能的变化情况。

3.4.5　结果分析

1. 不同查询推荐模型性能比较

为了回答 RQ1，实验测试了所有讨论模型在 AOL 数据集上的 MRR 和 α-nDCG 指标。不同查询推荐模型的性能如表 3.4 所示。其中，最好的基准模型结果用下划线标注，最好的模型性能用加粗标注。此外，本节还进行了显著性检验，▲/▼表示 $\alpha = 0.01$ 时的显著性水平，△/▽表示 $\alpha = 0.05$ 时的显著性水平。

表 3.4　不同查询推荐模型的性能

模型	MRR	α-nDCG@10
MMR	0.6611	0.7021
DQS	<u>0.6672</u>	<u>0.7152</u>

续表

模型	MRR	α-nDCG@10
$\text{PQSD}_{\text{AL+AS}}$	$0.6726^{\vartriangle}$	$0.7461^{\vartriangle}$
$\text{PQSD}_{\text{CL+AS}}$	$0.6763^{\blacktriangle}$	$0.7644^{\blacktriangle}$
$\text{PQSD}_{\text{AL+CS}}$	$0.6756^{\blacktriangle}$	$7686^{\blacktriangle}$
$\text{PQSD}_{\text{CL+CS}}$	**0.6807**$^{\blacktriangle}$	**0.7791**$^{\blacktriangle}$

可以看出，DQS 模型在指标 MRR 和α-nDCG@10 上均好于 MMR 模型。因此，在后面的对比实验中，我们采用 DQS 模型作为基准模型。

DQS 模型在 MRR 指标上只比 MMR 模型高出一点点(<1.0%)，但是在α-nDCG@10 指标上比 MMR 要高许多(<1.9%)。对于 PQSD 模型来说，不管考虑什么样的个性化策略，PQSD 模型都比 DQS 模型的性能要好，在 MRR 指标上，高 0.8%～2.0%，在α-nDCG@10 指标上高 4.3%～8.9%。之所以在α-nDCG@10 指标上的提升高于 MRR 指标，是因为在大部分情况下，正确的结果都排在列表的前面，排在α-nDCG@10 后面冗余的查询推荐才会被多样化方法移除。这种情况对于 MRR 指标并没有很大提高，但是给多样化指标带来很大的提高。

同时，从表 3.4 中也可以看出，$\text{PQSD}_{\text{CL+CS}}$具有最好的性能，而且除了$\text{PQSD}_{\text{AL+AS}}$模型，其他所有的 PQSD 模型在$\alpha = 0.01$时，较基准模型的提高都是显著的。不同的个性化策略确实对 PQSD 模型的推荐性能有影响，这也是本章研究问题 RQ2 的原因。

2. 不同个性化策略的选择对模型性能的影响

下面讨论 RQ2 中不同的个性化策略。本节测试选择 PQSD 模型下不同个性化策略的性能，即采用某个用户所有提交过的查询作为用户的查询记录，或者只用某个用户点击过的查询作为用户的查询记录。通常来说，点击查询更能体现用户的查询意图，因此对查询推荐的作用更加明显，$\text{PQSD}_{\text{CL+CS}}$模型的结果比$\text{PQSD}_{\text{AL+AS}}$的结果要好，$\text{PQSD}_{\text{CL+AS}}$和$\text{PQSD}_{\text{AL+CS}}$模型的结果相似。因此，点击查询更有助于预测用户的查询意图，而所有的查询则会给个性化查询推荐带来噪声。

下面比较在一个查询会话中，当查询位于不同的位置时，这四种 PQSD 模型和基准模型的推荐性能。推荐性能如图 3.2 所示。

如图 3.2(a)所示，当查询上下文逐渐变得丰富，即查询位置增加时，MRR 指标逐渐提高。例如，当查询所处的位置靠后(查询位置> 4)时，$\text{PQSD}_{\text{CL+CS}}$模型的 MRR 较查询位置较前(查询位置=2)的要高。除此之外，当查询位置为一个查询会话的第一个，即没有用户的短期查询记录时，PQSD 模型提高的并不明显，尤其

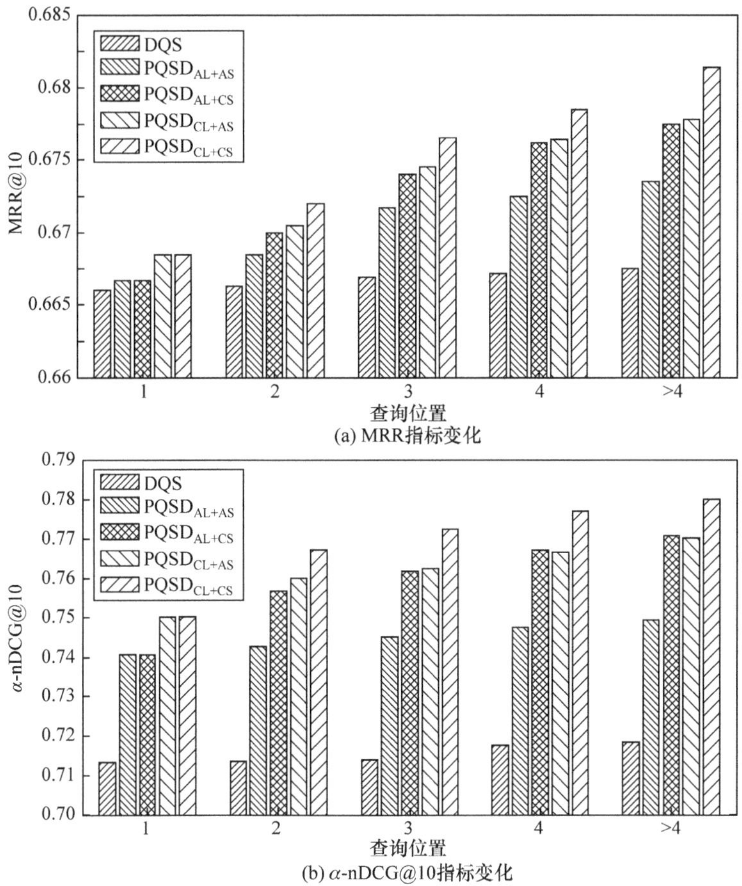

图 3.2　查询在不同的位置时，PQSD 模型和基准模型的推荐性能

是 $PQSD_{CL+AS}$ 和 $PQSD_{AL+CS}$ 模型。

观察图 3-2(b)，α-nDCG@10 的指标变化和 MRR 相似。但是，较 MRR 指标的变化，PQSD 模型在每个查询位置上，α-nDCG@10 指标提高的幅度更大，这和表 3-4 得到的结论相符。总的来说，不论是用户的长期查询记录，还是用户的短期查询记录，具有点击行为的查询更能体现用户的查询意图，同时也更能提高 PQSD 模型推荐的准确率和多样化指标。

3. 不同多样化和个性化权重的设置对模型性能的影响

针对研究问题 RQ3，重点分析 PQSD 模型的参数敏感性进行分析。通过改变参数 λ_2 的值，从 0～1，步长为 0.1，观察 PQSD 模型在 MRR 和 α-nDCG@10 指标上的变化情况，如图 3.3 所示。

可以看出，对于任意的 λ_2 的取值，$PQSD_{CL+CS}$ 的表现都是最好的，不管是在

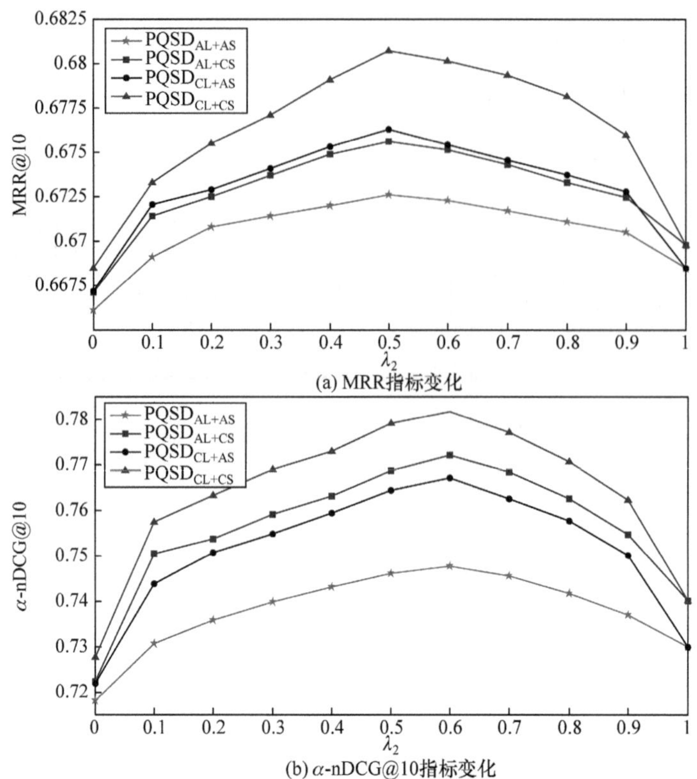

图 3.3　PQSD 模型的推荐性能随着权重参数 λ_2 的变化情况

MRR 还是在 α-nDCG@10 指标上。另一个有趣的发现是，$\mathrm{PQSD}_{\mathrm{AL+CS}}$ 在 MRR 指标上比 $\mathrm{PQSD}_{\mathrm{AL+CS}}$ 性能要好，但是在 α-nDCG@10 指标上，其性能较 $\mathrm{PQSD}_{\mathrm{AL+CS}}$ 要差。这个结果表明，用户的长期搜索历史结合点击信息可以帮助查询推荐模型提高 MRR 指标，而用户当前的查询上下文，即短期搜索历史结合点击行为信息，则对提高 PQSD 模型的 α-nDCG@10 指标更有效。

具体来看，在图 3.3(a)中，所有 PQSD 模型的 MRR 指标在 λ_2 从 0 变化到 0.5 时，都在逐步上升，但是 MRR 指标随着 λ_2 值从 0.5 变为 1 开始下降。除此之外，对于任意一个 PQSD 模型，如果仅关注个性化部分，即 $\lambda_2 = 0$，其模型的性能比结合多样化和个性化的性能要差，即 $0 < \lambda_2 < 1$。同时，当 λ_2 的值从 0 变化为 0.1 时，MRR 指标有明显的提升。这也表明，结合多样化对提高 PQSD 模型推荐的准确率也是有帮助的。

观察查询推荐的多样化指标，如图 3.3(b)所示，对于所有的 PQSD 模型来说，最好的结果出现在 $\lambda_2 = 0.6$ 时。当 λ_2 的值从 0 变化为 0.1 时，α-nDCG@10 指标有明显的提升。例如，对于 $\mathrm{PQSD}_{\mathrm{CL+CS}}$ 模型，结果提高了 4.1%左右，这也是图 3.3(b)中最大的一个波动。这表明，本章提出的基于贪婪算法的选择多样化算

法在提高模型的 α-nDCG@10 指标上确实有帮助。除此之外，当 λ_2 从 0.6 变化为 1 时，所有 PQSD 模型的 α-nDCG@10 指标迅速下降。这也表明，个性化部分确实对 PQSD 模型推荐结果的多样化有帮助。

根据对图 3.3 的分析，可以得到以下结论。

(1) 结合多样化和个性化的查询推荐模型，即 PQSD 模型较只考虑多样化和只考虑个性化的模型，推荐性能要好。

(2) λ_2 的取值对 α-nDCG@10 指标的影响比 MRR 指标的影响要大。就 $\mathrm{PQSD}_{\mathrm{CL+AS}}$ 模型来说，在图 3.3(b)中，α-nDCG@10 指标的最小值和最大值相差 7.4%(从 $\lambda_2=0$ 变化到 $\lambda_2=0.6$)；在图 3.3(a)中，MRR 指标的最小值和最大值相差 1.8%(从 $\lambda_2=0$ 变化到 $\lambda_2=0.5$)。

4. 查询推荐的个数对模型性能的影响

对于研究问题 RQ4，观察当查询推荐数量 N 从 5 变化为 15 时，PQSD 模型在 MRR 指标和 α-nDCG@10 指标上的变化情况。同样是在 AOL 数据集上的实验，实验结果如图 3.4 所示。

总的来看，MRR 指标和 α-nDCG@10 指标随着推荐数量的增加而增加。直观地看，查询推荐的数量越多，包含正确结果的概率就越大。除此之外，在图 3.4 中也能看到与图 3.3 相似的结果，即 $\mathrm{PQSD}_{\mathrm{CL+AS}}$ 在 MRR 指标上总体比 $\mathrm{PQSD}_{\mathrm{AL+CS}}$ 性能要好，但是在 α-nDCG@10 指标上，其性能较 $\mathrm{PQSD}_{\mathrm{AL+CS}}$ 要差。就每个特定的查询推荐数量来看，PQSD 模型比基准模型的性能都要好，不论是 MRR 指标还是 α-nDCG@10 指标。这也表明，结合多样化和个性化在推荐模型中的确可以提高查询推荐的性能。图 3.4 表明，不论是 MRR 指标还是 α-nDCG@N 指标，$\mathrm{PQSD}_{\mathrm{CL+CS}}$ 的推荐性能都是最好的。

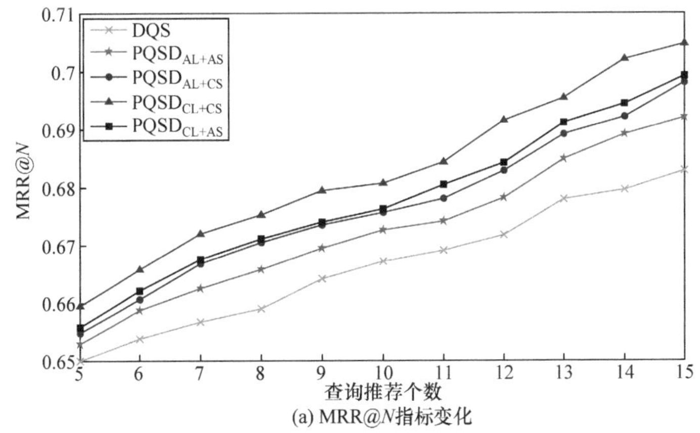

(a) MRR@N指标变化

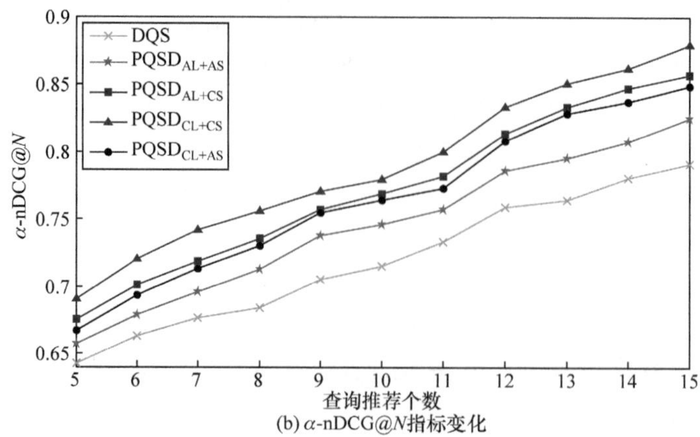

(b) α-nDCG@N指标变化

图 3.4　PQSD 模型和基准模型的推荐性能随着推荐数量 N 的变化情况

如图 3.4(a)所示，随着查询推荐数量的增加，PQSD 模型在 MRR 指标上在不断提高。就 $\text{PQSD}_{\text{CL+CS}}$ 模型来说，当查询推荐数量为 5 个时，该模型比基准模型在 MRR 指标上提高 1.4%；当查询推荐数量为 10 个时，该模型比基准模型在 MRR 指标上提高 2.0%；当查询推荐数量增加为 15 个时，该模型比基准模型在 MRR 指标上提高 3.2%。在图 3.4(b)中，α-nDCG@N 指标比 MRR 指标提高得更加明显。就 $\text{PQSD}_{\text{CL+CS}}$ 模型来说，当查询推荐数量为 5 个时，该模型比基准模型在 α-nDCG 指标上提高 7.4%；当查询推荐数量为 10 个时，该模型比基准模型在 α-nDCG 指标上提高 8.9%；当查询推荐数量增加为 15 个时，该模型比基准模型在 α-nDCG 指标上提高 10.3%。这也可以解释为，当更多的查询推荐结果返回时，会带来更高的查询推荐列表的冗余度。这样也给模型在多样化指标上提供了更大的提升空间，因此随着查询推荐数量的增加，PQSD 模型的多样化指标提高更多。

根据对图 3.4 的分析，可以得到以下结论。

(1) 不论是 MRR 指标还是 α-nDCG@N 指标，当查询推荐数量为 5～15 个时，$\text{PQSD}_{\text{CL+CS}}$ 的推荐性能都是最好的。

(2) 随着查询推荐数量的增加，PQSD 模型的推荐性能也在提高。

(3) 就 PQSD 模型而言，查询推荐数量的增加对 α-nDCG 指标的提升比 MRR 指标的提升更加明显。

3.5　本 章 小 结

本章将信息检索中多样化和个性化相结合，对查询推荐方法进行改进，并建立相应的模型，同时进行详细的分析。首先，介绍用 LDA 主题模型产生查询-主题分布算法，以及处理异常查询，即没有点击行为的查询算法。然后，建立基于贪婪算法的多样化查询推荐模型，即结合贪婪选择规则，通过每次计算，选取相应的查询推荐候选项加入推荐列表，实现对初始列表的重排序，同时保证查询推荐列表包含的主题尽可能多。最后，在该模型的基础上考虑特定用户的行为信息，即个性化信息，建立结合多样化和个性化的查询推荐模型，对模型中每个部分的计算进行详细的理论推导和分析。

参 考 文 献

[1] Chen W Y, Cai F, Chen H H, et al. Personalized query suggestion diversification//Proceedings of the 40th International ACM SIGIR Conference on Research and Development in Information Retrieval, 2017: 817-820.

[2] Yang S, Zhou D Y, He L W. Post-ranking query suggestion by diversifying search results//Proceedings of the 34th Annual International ACM SIGIR Conference on Research and Development in Information Retrieval, 2011: 815-824.

[3] Li R R, Ben K, Bin B, et al. DQR: A probabilistic approach to diversified query recommendation//Proceedings of the 21st ACM International Conference on Information and Knowledge Management, 2012: 16-25.

[4] Hao M, Michael R L, Irwin K. Diversifying query suggestion results//Proceedings of the 24th AAAI Conference on Artificial Intelligence, 2010: 9-18.

[5] Zhang Z Y, Olfa N. Mining search engine query logs for query recommendation//Proceedings of the 15th International Conference on World Wide Web, 2006: 142-149.

[6] Cao H H, Jiang D X, Jian P, et al. Context-aware query suggestion by mining click-through and session data//Proceedings of the 14th ACM SIGKDD International Conference on Knowledge Discovery and Data Mining, 2008: 875-883.

[7] David M B, Andrew Y N, Michael I J. Latent Dirichlet allocation. Journal of Machine Learning Research, 2003, 3(4): 993-1022.

[8] Greg P, Abdur C, Cayley T. A picture of search//Proceedings of InfoScale 2006 Conference, 2006: 1-19.

[9] Cai F, de Rijke M. A survey of query auto completion in information retrieval. Foundations and Trends in Information Retrieval, 2016, 10(4): 273-363.

[10] Cai F, Liang S S, de Rijke M. Prefix-adaptive and time sensitive personalized query auto completion. IEEE Transactions on Knowledge and Data Engineering, 2016, 28(9): 2452-2466.

[11] Cai F, de Rijke M. Learning from homologous queries and semantically related terms for query auto completion. Information Processing and Management, 2016, 52(4): 628-643.

[12] Rodrygo L T S, Jie P, Craig M, et al. Explicit search result diversification through sub-queries//Proceedings of the 32nd European Conference on Information Retrieval, 2010: 87-99.

[13] Alotaibi S, Ykhlef M. Hybrid immunizing solution for job recommender system. Frontiers of Computer Science, 2017, 11(3): 511-527.

[14] Eugene K, Craig M, Pavel S, et al. Intent models for contextualization and diversifying query

suggestions//Proceedings of the 22nd ACM International Conference on Information and Knowledge Management, 2013: 2303-2308.

[15] Cai N Z, Sean M M, Joseph A K, et al. Improving recommendation lists through topic diversification//Proceedings of the 14th International Conference on World Wide Web, 2005: 67-89.

[16] Li L, Yang Z L, Liu L, et al. Query-URL bipartite based approach to personalized query recommendation//Proceedings of the 22nd AAAI Conference on Artificial Intelligence, 2008: 1189-1194.

[17] Sharma S, Mangla N. Obtaining personalized and accurate query suggestion by using agglomerative clustering algorithm and P-QC method. International Journal of Engineering Research and Technology, 2012, 1(5): 28-35.

[18] Suzan V, Maya S, Kalervo J, et al. User simulations for interactive search: Evaluating personalized query suggestion//Proceedings of the 2015 European Conference on Information Retrieval, 2015: 678-690.

[19] David V, Pablo C. Personalized diversification of search results//Proceedings of the 35th Annual International ACM SIGIR Conference on Research and Development in Information Retrieval, 2012: 841-850.

[20] Nick C, Martin S. Random walks on the click graph//Proceedings of the 30th Annual International ACM SIGIR Conference on Research and Development in Information Retrieval, 2007: 239-246.

[21] Cui J W, Liu H Y, Yan J, et al. Multi-view random walk framework for search task discovery from click-through log//Proceedings of the 20th ACM International Conference on Information and Knowledge Management, 2011: 135-140.

[22] Hao M, Yang H X, Irwin K, et al. Learning latent semantic relations from click through data for query suggestion//Proceedings of the 17th ACM Conference on Information and Knowledge Management, 2008: 709-718.

[23] Mei Q Z, Zhou D Y, Kenneth C. Query suggestion using hitting time//Proceedings of the 17th ACM International Conference on Information and Knowledge Management, 2008: 469-478.

[24] Liang S S, Cai F, Ren Z C, et al. Efficient structured learning for personalized diversification. IEEE Transactions on Knowledge and Data Engineering, 2016, 28(11): 2958-2973.

[25] Chien K H, Lee F C, Yen J O. Relevant term suggestion in interactive web search based on contextual information in query session logs. Journal of the American Society for Information Science and Technology, 2003, 54(7): 638-649.

[26] Mikolov T, Chen K, Corrado G, et al. Efficient estimation of word representations in vector space//Proceedings of Workshop at International Conference on Learning Representations, 2013: 1-13.

[27] Cai F, Ridho R, de Rijke M. Diversifying query autocompletion. ACM Transactions on Information Systems, 2016, 34(4): 1-33.

[28] Thorsten J. Optimizing search engines using click through data//Proceedings of the 8th ACM SIGKDD International Conference on Knowledge Discovery and Data Mining, 2002: 133-142.

[29] Danushka B, Yutaka M, Mitsuru I. Measuring semantic similarity between words using web search engines//Proceedings of the 16th International Conference on World Wide Web, 2007: 757-766.

[30] Jaime C, Jade G. The use of MMR, diversity-based reranking for reordering documents and producing summaries//Proceedings of the 21st Annual International ACM SIGIR Conference on Research and Development in Information Retrieval, 1998: 335-336.

[31] Guo J F, Cheng X Q, Xu G , et al. Intent-aware query similarity//Proceedings of the 20th ACM International Conference on Information and Knowledge Management, 2011: 259-268.

[32] Chirag S, Bruce C W. Evaluating high accuracy retrieval techniques//Proceedings of the 27th Annual International ACM SIGIR Conference on Research and Development in Information Retrieval, 2004: 2-9.

[33] Charles L A C, Maheedhar K, Gordon V C, et al. Novelty and diversity in information retrieval evaluation//Proceedings of the 31st Annual International ACM SIGIR Conference on Research and Development in Information Retrieval, 2008: 659-666.

第4章　基于查询词时敏特征的个性化查询推荐方法

4.1　问题描述

时敏特征指查询词频率随时间推移而呈现出的规律或趋势[1]，通常包含周期性变化规律和非周期性激增趋势。目前有研究利用周期性变化规律预测查询词的未来频率，并以此为依据对查询词进行排序[1,2]。这虽然考虑频率呈周期性变化的查询词，但是却忽略了另一部分呈现非周期性激增趋势的查询词，因此时敏特征并未得到充分利用，现有的排序模型仍有很大的改进空间。

在查询推荐方法的研究中，查询词的历史频率和用户的搜索历史是非常重要的排序信息。对非注册用户、新用户，以及不活跃用户而言，用户的搜索历史通常为空或者过于稀疏，不具备参考价值。这种情况下，通过整合所有用户的搜索历史，根据用户的行为共性推测当前用户的查询意图是一个行之有效的方法。因此，大多数研究从查询词的历史频率中挖掘排序信息，解决个性化推荐中的“冷启动”问题[3,4]。其中，查询词的总计查询频率是最简单、最易统计的信息，以此为依据进行排序的模型本质上是用过去的查询次数对当前查询的趋势进行估计[5]。虽然这种方法能在一定程度上满足用户的信息需求，但是它假设用户的查询意图不随时间发生改变，这显然不符合实际情况。在此基础上，有研究从查询词频率随时间的变化中发现周期性变化的规律，并根据这一规律预测查询词在当前时刻的频率，以此代替总计查询频率进行排序[1,2]。虽然他们提出的排序模型提升了推荐的准确率，但是却忽略了查询词频率的非周期性时敏特征。因此，本章对查询词频率的非周期性变化特征进行深入的分析，并将其与周期性变化特征相结合，共同预测查询词频率的未来趋势。查询词频率随时间推移呈现的三种不同变化趋势如图4.1所示。

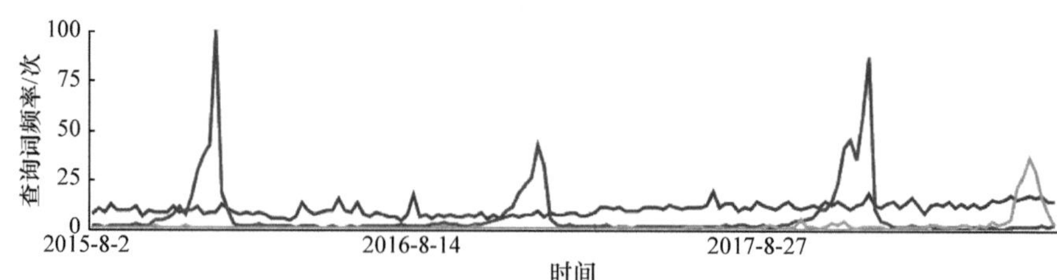

图4.1　查询词频率随时间推移呈现的三种不同变化趋势

图 4.1 展示了 Google Trends 中查询词“instagram”、“christmas”和“2018 world cup”的频率随时间的变化趋势。可以看到，“instagram”的查询次数随时间推移的波动不大，类似的查询词还有“wikipedia”和“google”等，通常这些查询词对应明确的寻址需求，且不属于特定的主题类型，称为导航类查询词。“christmas”的频率随时间呈现出以年为单位的周期性变化规律，类似的查询词还有“lunar”和“movie”等，这些查询词通常对应着节日、纪念日、周期性发生的事件，称为周期性查询词。此外，“2018 world cup”在一段时间内的查询次数呈现急剧上升的趋势，这类查询词通常对应现实生活中正在发生的有影响力的事件或热点新闻，称为非周期性查询词。这种查询词频率急剧上升的趋势称为激增。人们的查询意图常常受到现实生活中发生的各类事件的影响，且大多数事件是突发的具有不可重复性，与此相关的查询词在频率上会出现一个或几个尖峰，呈现非周期性的变化趋势。就总体查询频率而言，非周期性查询词的数量通常不及周期性查询词和导航类查询词，因此以查询总次数进行排序的方法会掩盖这一激增趋势。另外，基于周期性变化特征预测未来查询频率，并以此进行排序的方法并不能检测到这些突然出现的“尖峰”。因此，这两种方法都会导致信息系统无法及时响应用户的实时需求。综合考虑以上因素，本章提出一个更加周密完整的基于查询词时敏特征的个性化查询推荐方法。该方法能有效识别周期性和非周期性查询词，并根据它们的变化趋势准确预测当前时刻用户的信息需求。

基于时敏特征的查询推荐问题描述如下。

(1) 已知信息系统记录的搜索日志 $Q=\langle q_1,q_2,\cdots,q_n\rangle$，$t$ 时刻输入的字符串 p，以 p 为前缀的补全查询词集合 $C(p)$。

(2) 信息系统需要利用一定的方法，挖掘搜索日志 Q 中查询词频率的周期性和非周期性时敏特征，并以时敏特征为排序标志对 $C(p)$ 中的查询词进行排序，使 t 时刻用户 u 想要输入的查询词 q_* 排列在推荐列表最靠前的位置。

基于上述查询推荐问题的形式化定义，可以看到 t 时刻的排序标志对最终排序结果的准确性至关重要。因此，本章通过时间序列分析方法充分挖掘查询词频率的时敏特征，并以此作为排序标志，迅速捕获热点查询词，满足用户对信息的实时性需求。

4.2　相关研究工作

本节首先回顾对时间敏感的查询推荐方法，指出现有排序模型存在的不足，然后概述对于时间敏感的信息检索方法，旨在从相关领域的研究中得到构建新排序模型的启发。

4.2.1 对于时间敏感的查询推荐方法

查询推荐的重点内容是对候选查询词进行排序。为提升推荐查询词的相关度和排序的准确性，人们相继提出许多排序模型，其中一个简单有效的排序模型是热门度排序(model predictive control，MPC)模型[3]。它根据查询词在信息系统搜索日志中出现的次数，利用最大似然估计方法，以出现概率最大的查询词作为用户在时刻 t 输入的查询词的近似估计，即

$$\mathrm{MPC}(p)=\underset{q\in C(p)}{\arg\max}\, w(q),\quad w(q)=\frac{f(q)}{\sum_{i\in Q} f(i)} \tag{4.1}$$

其中，$f(q)$ 为查询词 q 截止至时刻 t 的查询总次数；$w(q)$ 为查询词出现的概率。

MPC 模型虽然能直截了当地为用户提供一个基本满意的补全查询词推荐列表，但是它从本质上假设查询词的当前查询频率与过去查询频率相同，忽略了时间因素对用户和查询词频率的影响，因此远不是最优的解决方案。

Whiting 等[6]根据式(4.1)提出三个推荐近期热门查询词的方法。

(1) 对于前缀 p ，分别统计 $C(p)$ 中所有查询词在 t 时刻前 2 天、4 天、7 天、14 天、28 天内的查询次数作为式(4.1)中的 $f(q)$ ，代替 MPC 模型中以整个搜索日志时间长度来计算 $f(q)$ 。

(2) 对于字符串 p ，统计在 t 时刻前以 p 作为前缀的、最近提交的 N 个查询词，以这些查询词在这 N 次查询中出现的次数作为式(4.1)中的 $f(q)$ 。

(3) 利用随机梯度下降方法，通过学习上一个方法中各个查询词的出现次数来调整模型参数，预测它们在 t 时刻的查询频率，并以此作为式(4.1)中的 $f(q)$ 。

Shokouhi[2]以月为单位统计各个查询词的查询次数，得到查询频率的时间序列 X, 并利用 Holt Winters 乘法模型对时间序列进行分解，得到时间点序列的季节性分量 S，然后计算时间序列和季节性分量的余弦相似度，即

$$\mathrm{SimScore}=\frac{S\cdot X}{\|S\|\cdot\|X\|} \tag{4.2}$$

若相似度得分 SimScore 超过设定的阈值范围，则将该查询词归为季节性查询词。由于许多查询词频率的周期并不仅限于季节，Shokouhi 等[1]采用同样的时间序列分析方法，以天为单位对 6 个月长度的查询词数据集进行分析、以月为单位对 54 个月长度的查询词数据集进行分析，找到以周为周期和以年为周期进行变化的查询词。然后，根据查询词的周期性变化规律，计算查询词 q 在时刻 t 的预测频率 $\hat{f}_t(q)$ ，代替式(4.1)中的 $f(q)$ 对候选查询词进行排序。Cai 等[7]遵循基本相同的排序思路，利用自相关系数方法识别周期性查询词并预测未来频率。Strizhevskaya

等[8]以 3 天的查询词频率作为训练数据，分别采用自回归模型[8]、指数平滑模型[9]、Holt 模型[10]、Holt Winters 乘法模型[11]、自回归积分滑动平均模型[12]计算查询词的未来频率，并以此对查询词进行排序，Yandex 数据集上的实验结果显示，指数平滑模型的性能评价指标值最优。

虽然已有不少查询推荐方法在排序中加入了查询词的时敏特征，并显著提高了推荐查询词的准确性，但是它们均忽略了查询频率激增趋势的检测和非周期性查询词的识别，因此时敏特征未能得到充分挖掘，排序模型有待进一步改善。

4.2.2　对于时间敏感的信息检索方法

当今社会处于急剧变化之中，现实生活中发生的事件通常会以新内容和新信息需求的形式实时出现在互联网上。因此，网站需要及时跟进、不断更新来满足用户对信息的实时性要求。利用时间因素提高检索结果的准确性，成为近年来信息检索领域的研究热点。其中，Li 等[13]、Diaz 等[14]首次将文档的创建时间融入语言模型中，提出基于时间因素的语言模型。Kulkarni 等[15]根据查询词频率随时间的变化情况对查询词进行分类，并指出查询词频率的变化趋势、检索结果中内容的更新情况与用户的查询意图存在直接关系。Elsas 等[16]发现文档内容的变化速度和文档的相关度之间存在紧密联系。由此他们提出一个概率排序模型，使文档中每个词项的权重取决于其时敏特征。实验结果显示，对于导航类查询词，在排序中考虑文档内容随时间的变化情况能提高检索结果的相关度。

用户对信息的实时性要求常常体现在提交的查询词中，因此分析查询词中包含的时间信息、准确理解用户的查询意图是一个重要的研究课题。Berberich 等[17]研究了查询词中表达时间信息的两种方式，其中显性时间表达方式是在查询词中加入明确的时间信息，如“2008”、“in july”；隐性时间表达方式则是通过对检索文档内容中的时间信息进行统计后，利用文档-查询词生成模型计算检索文档生成该查询词的概率，从而得到查询词在时间上的概率分布。在此基础上，Nattiya 等[18]对该模型进行了拓展，他们利用基于时间的语言模型处理查询词对应的检索文档，预测查询词最有可能对应的时间区间。此外，Campos 等[19]也利用语言模型分析检索文档摘要中的时间信息，并用新的衡量指标计算查询词和检索文档在时间上的相似度，得到查询词最相关的时间区间。

查询词频率的变化趋势可以从总体上反映用户信息需求的演变情况，因此找到查询频率的变化规律，并从中挖掘隐含信息也是信息检索研究中的重要内容。Chien 等[20]发现频率变化趋势相似的查询词，如“halloween”和“pumpkin”，即使在文本上相似度不高，但仍然是语义相关的。类似的，Alfonseca 等[21]根据频率变化趋势的相似度对查询词进行聚类，并指出这种聚类方法可以运用到查询词分类和推荐的研究中。Choi 等[22]、Shimshoni 等[23]均利用时间序列分析方法对查询词频率的趋势进行建模，找到频率呈周期性变化的查询词，并预测它们的未来查询趋势。Michail 等[24]利用一种压缩的表示方法来迅速找到周期性查询词，并借助移动平均(moving average，MA)方法检测查询词频率的激增趋势。

研究发现，在信息检索领域，利用查询词频率的时敏特征能提升检索结果的时效性。在查询推荐领域，目前尚未有研究在排序中加入查询词频率的非周期性激增趋势这一时敏特征。

4.3 基于查询词时敏特征的个性化查询推荐模型

本节通过检测查询词频率的周期性和非周期性变化趋势、预测未来查询频率、计算排序得分三个步骤，详细阐述基于查询词时敏特征的个性化查询推荐模型。

4.3.1 查询词频率周期性变化特征

为了检测查询词频率的周期性变化趋势，首先对查询词在一天内的查询次数进行累加，将查询词的频率转化为以天为单位的时间序列，然后利用时间序列分析方法对其进行分析。已有文献利用自相关和自回归等方法分析了查询词的周期性变化趋势。对于自相关方法而言，由于周期及其倍数的自相关值均较高，这造成其预测的周期存在一定的误差，而自回归方法不能捕获非线性关系。因此，选择采用傅里叶变换方法识别时间序列的周期，主要原因有以下两点。

(1) 傅里叶变换方法能准确识别中等长度周期和短周期，适合实验使用的时间跨度为 3 个月的数据集。

(2) 傅里叶变换方法具有降噪性能，能够识别并滤除时间序列数据中明显的噪声点，适合处理噪声较多的数据。

傅里叶变换是建立时域序列与频域序列之间的关联关系[25]，常用于数字信号处理，它能将看似杂乱无章、难以处理的时间序列转换为规整的频域序列。本章引入傅里叶变换方法，利用其分析查询词频率周期性特征，目的在于通过分析变换后的频域序列的主要特点，得到时间序列对应的变化规律，从而更直观地挖掘查询词频率中隐含的信息。令 $f(q)_n, n=1,2,\cdots,N$ 表示查询词 q 在 N 天内的查询次数所对应的时间序列，对 $f(q)_n$ 进行离散傅里叶变换后，得到的频域序列为

$$F(q)_k = \frac{1}{\sqrt{N}}\sum_{n=1}^{N} f(q)_n \mathrm{e}^{-\mathrm{j}\frac{2\pi}{N}kn}, \quad k=1,2,\cdots,N \tag{4.3}$$

频域序列中周期分量的能量要远高于非周期分量的能量，并且周期分量一般表现为频域序列功率谱的峰值。因此，为了计算查询词频率时间序列 $f(q)_n$ 的周

期，需要找到对应频域序列 $F(q)_k$ 能量最高的分量。$F(q)_k$ 在频域上的能量分布用功率谱密度为

$$P(k)=\sum_{m=-\infty}^{\infty}\sum_{m=-\infty}^{\infty}f(q)_n f(q)^*_{n-m}\mathrm{e}^{-\mathrm{j}\frac{2\pi}{N}km} \tag{4.4}$$

其中，$f(q)^*_{n-m}$ 为 $f(q)_n$ 的共轭序列。

由于直接计算 $P(k)$ 非常困难，通常用周期图作为 $P(k)$ 的近似估计，周期图 $\hat{P}(k)$ 为频域序列 $F(q)_k$ 幅值的平方，即

$$\hat{P}(k)=\| F(q)_k \|^2,\quad k=1,2,\cdots,\left\lfloor\frac{N}{2}\right\rfloor \tag{4.5}$$

其中，$\|\cdot\|$ 为 2 范数。

令 $\hat{P}(k_*)$ 为周期图中的最大值，即频域序列 $F(q)_k$ 在 k_* 处的能量最高。将频域序列映射回时间序列 $f(q)_n$，则 k_* 对应 $\left\lceil\frac{1}{k_*}\right\rceil$ 天，$\left\lceil\frac{1}{k_*}\right\rceil$ 即查询词频率时间序列 $f(q)_n$ 的周期。

完成查询词频率的周期性时敏特征分析后，可以依据所得周期，预测 t 时刻查询词 q 的频率 $\hat{f}(q)_t$。对前 M 个周期内的对应时刻 $t-1\cdot T,\cdots,t-M\cdot T$ 的查询次数取平均值作为 t 时刻查询词 q 的频率估计，即

$$\hat{f}(q)_t=\frac{1}{M}\sum_{m=1}^{M}f(q)_{(t-m\cdot T)} \tag{4.6}$$

其中，$T=\left\lceil\frac{1}{k_*}\right\rceil$ 为查询词 q 频率的周期。

以 $\hat{f}(q)_t$ 为排序标志的查询推荐排序模型，记为 P-QAC，即

$$\text{P-QAC}(p,t)=\underset{q\in C(p)}{\arg\max}\, w(q\,|\,t),\, w(q\,|\,t)=\frac{\hat{f}(q)_t}{\sum_{i\in Q}\hat{f}(i)_t} \tag{4.7}$$

4.3.2　查询词频率非周期性变化特征

由于 P-QAC 用周期性时敏特征预测未来查询频率的做法忽略了查询词的非周期性激增现象，因此为了弥补这一缺陷，本节研究了查询词频率的非周期性时敏特征，并以此预测查询频率在 t 时刻的变化趋势。

在金融和管理领域常采用 MA 方法检测时间序列的近期增长趋势。时间序列在 t 时刻出现一个激增尖峰，当且仅当该时刻的 $\mathrm{MA}(q)_t$ 超过阈值范围 τ_{cut}，且激增幅度 $\mathrm{amp}(q)_t$ 可形式化描述为

$$\mathrm{amp}(q)_t = \mathrm{MA}(q)_t - \tau_{\mathrm{cut}} \tag{4.8}$$

为了允许时间序列在合理范围内随机波动，设τ_{cut}为

$$\tau_{\mathrm{cut}} = \mu_A + \gamma \cdot \sigma_A \tag{4.9}$$

其中，μ_A和σ_A为该时间序列各个MA值的均值和标准差；γ为权重因子，用于控制序列的波动范围，消除噪声并突出明显的激增尖峰。

为了预测查询频率时间序列在t时刻的$\mathrm{MA}(q)_t$，已有的相关工作采用SMA进行计算[24,26]。SMA对每个时间序列的观测点赋予相同的权重值，用定长的滑动窗口在时间序列上逐个滑动，依次计算窗口内数据的均值，并将其作为下一个时间点的预测值，即

$$\mathrm{SMA}(q) = \sum_{n=i-L}^{i-1} \frac{1}{L} \cdot f(q)_n, \quad i = L, \cdots, t \tag{4.10}$$

其中，L为滑动窗口的长度。

SMA能简单有效地估计时间序列的未来值，它在预测中将时间序列的所有观测值一视同仁。在信息检索领域，人们普遍认为近期的数据比久远的数据更具有参考价值。这一在数据使用上的差异性可以通过在使用数据时引入随时间变化的权重来实现[18,27]。因此，本章在SMA基础上，引入衰减函数作为时间序列观测值的权重，即采用WMA方法计算定长窗口内观测数据的加权平均值，并将其作为下一个时间点的预测值，即

$$\mathrm{WMA}(q)_i = \sum_{n=i-L}^{i-1} \mathrm{norm}(\omega_n) \cdot f(q)_n, \quad i = L, \cdots, t \tag{4.11}$$

其中，归一化权重$\mathrm{norm}(\omega_n)$控制着窗口内每个观测值的权重。

在对权重值进行归一化处理之前，引入衰减函数$\omega_n = \mathrm{DecayRate}^{i-n}$，其中$i-n$表示第$i$天与第$n$天之间的时间间隔。此外，滑动窗口的长度$L$会影响查询推荐排序模型的总体性能，本章将在后续实验中讨论。

4.3.3　模型构建

通过上述分析可以发现，虽然识别周期性查询词能在一定程度上生成具有时效性的查询推荐列表，但是仅以查询频率周期性进行排序的模型无法迅速识别与现实生活中的热门事件相关的查询词。因此，需要在排序模型中将查询词频率的周期性和非周期性这两种时敏特征结合起来，用于查询词未来查询趋势的预测。

因此，本章提出基于查询词时敏特征的排序模型。该排序模型首先基于周期性时敏特征预测的查询次数$\hat{f}(q)_t$，然后基于非周期性时敏特征预测的激增幅度$\mathrm{amp}(q)_t$，最后对每个候选查询词分别计算周期性和非周期性时敏特征的排序得

分 Pscore(q) 和 Bscore(q)，并进行线性凸组合，得到最终的排序得分，即

$$\text{Hscore}(q) = (1-\lambda)\cdot \text{Pscore}(q) + \lambda \cdot \text{Bscore}(q) \tag{4.12}$$

其中，$0 \leqslant \lambda \leqslant 1$ 为权重因子，它控制着查询词频率周期性变化趋势得分和激增趋势得分的权重。

在排序时，$C(p)$ 中候选查询词的频率会呈现不同的激增幅度。例如，有些查询词的查询频率出现大幅度的激增趋势，而有些查询词频率的激增幅度并不明显，若对所有候选查询词采用同样的排序权重值 λ，则显然无法体现这一激增幅度的差异。因此，根据查询频率激增的幅度灵活地计算排序权重值 λ_*，并以此代替式(4.12)中的固定权重值 λ，即

$$\lambda_* = \begin{cases} 0, & \text{amp}(q)_t < \mu_B \\ \lambda, & \text{amp}(q)_t \geqslant \mu_B \end{cases} \tag{4.13}$$

其中，μ_B 为 $C(p)$ 中候选查询词频率激增幅度的平均值。

由于 Pscore(q) 和 Bscore(q) 使用不同的计量单位，因此进行凸组合之前需要对它们分别进行标准化。Pscore(q) 可以标准化为

$$\text{Pscore}(q) = \frac{\hat{f}(q)_t - \mu_P}{\sigma_P} \tag{4.14}$$

其中，μ_P 和 σ_P 为 $C(p)$ 中所有候选查询词预测查询频率的均值和标准差。

类似的，Bscore(q) 可以标准化为

$$\text{Bscore}(q) = \frac{\text{amp}(q)_t - \mu_B}{\sigma_B} \tag{4.15}$$

其中，σ_B 为 $C(p)$ 中所有候选查询词的激增幅度 $\text{amp}(q)_t$ 的标准差。

算法 4.1 描述了基于查询词时敏特征的个性化查询推荐排序模型。

算法 4.1　基于查询词时敏特征的个性化查询推荐排序模型

输入： 信息系统记录的搜索日志 Q；
　　用户 u 在时刻 t 输入的字符串 p；
　　以 p 为前缀的补全查询词集合 $C(p)$；
　　补全查询词 q 频率的时间序列 $f(q)_n$；
　　排序列表的长度 K_{list}；
　　滑动窗口长度 L

输出： 用户 u 在时刻 t 输入的字符串 p 所对应的查询推荐列表

for $q \in Q$ **do**
　　$T \leftarrow \text{DFT}(f(q)_n)$；

```
    根据式(4.6)计算 f̂(q)_t ;
    根据式(4.11)(或式(4.10)计算 WMA(q)_t (或 SMA(q)_t );
end for
for 每个候选查询 q ∈ C(p)  do
    根据式(4.14)计算 Pscore(q) ;
    根据式(4.8)计算 amp(q)_t ;
    根据式(4.15)计算 Bscore(q) ;
    根据式(4.12)计算 Hscore(q) ;
end for
根据 Hscore(q) 对 C(p) 排序;
return  C(p) 的补全 K_list
```

为了后续表述简洁直观，把利用 SMA 和 WMA 检测查询词频率激增趋势的排序模型分别记为 H-SMA 和 H-WMA。此外，对式(4.12)采用固定权重值 λ 的排序模型记为 λ-H-WMA 和 λ-H-SMA，采用变化的权重值 λ_* 的排序模型记为 λ_*-H-WMA。

4.4　实验与结果分析

本节首先介绍实验要解决的研究问题，然后给出实验采用的数据集、对比排序模型，以及排序性能的评价指标、参数设置，最后对实验结果进行深入分析。

4.4.1　实验设计

实验主要围绕解决下列研究问题展开。

RQ1：基于查询词频率周期性时敏特征的排序模型 P-QAC 是否能提高查询词的推荐准确率？

RQ2：同时利用周期性和非周期性时敏特征的排序模型，与 P-QAC 相比，推荐性能是否能够提升？

RQ3：在检测查询词频率激增趋势时采用不同的方法，即 SMA 和 WMA，对最终排序结果有何影响？

RQ4：滑动窗口的长度对排序模型的性能有何影响？

4.4.2　实验设置

本节将从数据集、排序模型性能评价指标、对比实验采用的基准模型、参数设置对实验的相关设置进行详细的介绍。

1. 数据集

实验在 AOL 数据集[28]上进行。该数据集是目前公开的最新且规模最大的查询日志数据集，常被查询推荐研究采用[29,30]。AOL 数据集随机采样自 2006 年 3 月 1 日至 2006 年 5 月 31 日期间匿名用户向 AOL 搜索引擎提交的查询词，包含 657426 个用户提交的 36389567 个查询词。对原始数据集进行预处理，首先删除包含 URL 字符串(如.com、.net、.org、.edu、.mil、.gov、www.、http)的查询词，然后删除以特殊字符开头(如#、$、&、@)的查询词，将数据集按照 75%和 25%分为训练集和测试集。需要说明的是，由于传统的 k 重交叉验证方法会打乱时间序列数据的顺序[31]，不适用于本章的实验，因此我们将 2006 年 5 月 8 日之前所有用户提交的查询数据作为训练集，同时将之后提交的查询数据作为测试集。若测试集中包含未出现在训练集中的查询词，则无法获得该查询词的时敏特征。为了避免这种情况的出现，仅保留训练集和测试集中均出现过的查询词。经过上述预处理步骤后的数据集的基本统计信息如表 4.1 所示。其中，有 22%的查询词的频率呈现周期性变化趋势，有 46%的查询词的频率出现短期内的激增趋势，可以看到非周期性查询词的数量是周期性查询词的 2 倍。因此，在进行查询推荐时加入查询频率的非周期性时敏特征是非常必要的。

表 4.1　预处理后用于分析时敏特征的 AOL 数据集的基本统计信息

数据类型	训练集	测试集
查询词总数	1559232	519744
去冗余后的查询词总数	456010	456010
用户总数	164947	108411
周期性查询词	98825	98825
非周期性查询词	208362	208362

2. 评价指标和对比模型

由于查询推荐本质上是一个排序问题，因此采用 MRR 作为指标衡量各个排序模型的性能[32]。对于用户 u 输入的字符串 p，信息系统给出了补全查询词的推荐列表 $\mathrm{List}(p)$，则 RR

$$\mathrm{RR}=\begin{cases}\dfrac{1}{\mathrm{rank}_{q_*}}, & q_*\in \mathrm{List}(p)\\ 0, \quad q_*\notin \mathrm{List}(p)\end{cases} \tag{4.16}$$

其中，rank_{q_*} 为最终提交的查询词 q_* 在 List(p) 中的排序位置。

可以看到，当用户最终提交的查询词排列在最靠前的位置，即 $\text{rank}_{q_*}=1$ 时，排序结果最佳，此时 $\text{RR}=1$。对测试集中所有用户提交的查询词对应的 RR 值取平均，可得

$$\text{MRR}=\frac{1}{|T|}\sum_{q\in T}\text{RR}_q \tag{4.17}$$

其中，T 为测试集的大小；MRR 的值越高，表示用户最终提交的查询词排列在靠前位置的情况越多，推荐列表的用户满意度越高，排序模型的性能越好。

为了验证本章所提方法的有效性，采用下列查询推荐排序模型作为基准模型进行比较。

(1) 对于 MPC 模型[3]，根据候选查询词在整个训练集中出现的总次数进行排序，向用户提供查询词推荐列表。称该模型为 MPC-ALL。

(2) 对于性能最优的对时间敏感的查询推荐排序模型[6]，对训练集中的查询词在近 2 天、4 天、7 天、14 天、28 天内的查询次数分别进行累加来完成排序，并将排序结果呈现给用户。称该模型为 MPC-W。

3. 参数设置

利用查询词频率的周期性变化趋势计算未来查询次数时，需要对查询词频率时间序列的观测数值进行平滑，即确定式(4.6)中 M 的值。由于 AOL 数据集的时间跨度有限，为了参考更多的历史信息，得到更精确结果，对周期性查询词在所有周期内相同点的观测值取平均，作为当前时刻查询频率的预测值。参考 Nattiya 等[18]的工作，在式(4.11)中用 $\text{DecayRate}=0.5$ 作为指数衰减函数的底数。此外，式(4.9)中 γ 的值通常设在[1.5,2]，取实验性能最好的 $\gamma=1.8$。为了在排序中均衡查询词频率的周期性和非周期性时敏特征，设置 $\lambda=0.5$，它被 Bar-Yossef 等[3]证实是基于查询词频率特征的凸组合排序模型的最佳权重值。在最终实验结果中，对测试集中的每个查询词，给出其前缀长度为 1～5 个字符时，排序模型输出的包含 20 个补全查询词的推荐列表，即 $K_{\text{list}}=20$。

4.4.3　结果分析

本节通过一系列实验验证基于查询词时敏特征的个性化查询推荐排序模型的性能。此外，本章还研究不同的实验设置，如在检测查询词频率激增趋势时采用 WMA、SMA 方法或改变滑动窗口长度，对排序模型的性能造成的影响。

1. 基于查询词频率周期性的排序模型性能

首先，为了回答研究问题 RQ1，本章探究基于查询词频率周期性的排序模型

在性能上是否优于两个基准模型。前缀长度为 1～5 个字符时各个查询推荐排序模型的 MRR 如表 4.2 所示。对于每个前缀长度，基准模型和所有排序模型中的最佳 MRR 分别用下划线和加粗表示。

表 4.2　前缀长度为 1～5 个字符时各个查询推荐排序模型的 MRR

#p	MPC-ALL	MPC-W					P-QAC
		2 天	4 天	7 天	14 天	28 天	
1	0.1097	0.0868	0.1066	<u>0.1113</u>	0.1110	0.1109	**0.1115**
2	0.2012	0.1780	0.1894	0.1952	0.1985	<u>0.2029</u>	**0.2059**
3	<u>0.3211</u>	0.2653	0.2792	0.3005	0.3114	0.3195	**0.3287**
4	0.4155	0.3625	0.3918	0.4028	0.4126	<u>0.4214</u>	**0.4356**
5	0.4951	0.4370	0.4691	0.4800	0.4913	<u>0.5028</u>	**0.5163**

可以看到，前缀长度越长，各个排序模型对应的 MRR 越高。这是由于当前缀仅为 1 个或 2 个字符时，候选查询词的数量庞大，从中筛选用户的目标查询词较为困难；随着前缀长度的增加，候选查询词的数量急剧减少，排序任务变得更为简单，准确率得以提高。具体来说，对于 MPC-W 的 5 个排序模型，除了当 $p=1$时长度为 7 天的时间窗口对应的 MRR 最高，在其他前缀长度情况下，时间窗口长度为 28 天的模型排序性能最佳。就两个基准模型而言，MPC-W 的排序准确率优于 MPC-ALL，除了 $p=3$时 MPC-ALL 比时间窗口长度为 28 天的 MPC-W 的 MRR 高 0.0016。这可能是 MPC-W 以查询词近期的查询频率作为排序依据可以向用户提供更具时效性的查询词推荐列表。此外，由于热门查询词在短时间内的累计频率可能不如一些经常被查询的导航类查询词，MPC-ALL 计算查询词在整个训练集时间长度内查询次数的做法更能掩盖这些热门查询词，因此无法满足用户对信息的实时性需求。

对于本章提出的基于查询词频率周期性时敏特征的排序模型，可以发现对于所有前缀长度，P-QAC 的 MRR 均明显高于两个基准模型。具体来说，当前缀长度较短时($p=1$～3)，P-QAC 相对于最佳基准模型 MPC-W 在 MRR 上仅有小幅度的提升(小于 0.01)。然而，当前缀长度增加时，P-QAC 与最佳的 MPC-W(时间窗口长度为 28 天)之间的 MRR 差距不断扩大，当 $p=4$ 和 $p=5$ 时 P-QAC 比 MPC-W 的 MRR 分别提升约 0.015 和 0.014。

这意味着，根据预测的查询频率进行排序比根据近期累计频率进行排序能得到更为准确的推荐列表，并且当候选查询词的数量减少时，P-QAC 能迅速找到满足用户时效性需求的查询词。因此，查询词频率的周期性时敏特征是一个可靠的排序标志，需要在查询推荐排序中进行充分利用。

2. 基于查询词时敏特征的排序模型性能

为了回答研究问题 RQ2，本章对比了基于查询词时敏特征的排序模型(λ-H-WMA 和 λ_*-H-WMA)与 P-QAC 的性能。其中，λ-H-WMA 和 λ_*-H-WMA 在检测查询词频率激增趋势时均采用长度为 7 天的滑动窗口。用户输入 1～5 个字符时 P-QAC、λ-H-WMA 和 λ_*-H-WMA 的 MRR 如图 4.2 所示。

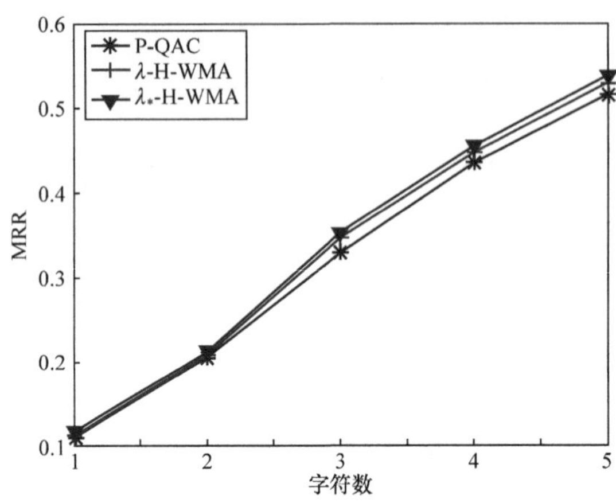

图 4.2 用户输入 1～5 个字符时 P-QAC、λ-H-WMA 和 λ_*-H-WMA 的 MRR

可以看到，对于所有的查询词前缀长度，λ-H-WMA 和 λ_*-H-WMA 的 MRR 均优于 P-QAC。具体来说，最为显著的两个 MRR 的提升是由 λ_*-H-WMA 产生的。当 $p=3$ 和 $p=5$ 时，它们的 MRR 相对于 P-QAC 分别提升约 0.025 和 0.022。这是相当一部分的查询词在查询频率上表现出短期内的激增趋势导致的。实验结果证实，在排序过程中将查询词频率的非周期性变化特征与周期性变化特征相结合，能进一步充分利用查询词的时敏特征，得到更优的排序结果，从而满足用户对信息的实时性需求。

此外，就两个基于查询词时敏特征的排序模型而言，λ_*-H-WMA 在所有前缀长度的情况下所得的 MRR 均高于 λ-H-WMA 。虽然当 $p=2$ 时，两者之间的 MRR 差值仅有 0.0034，但是随着用户输入字符串长度的增加，当 $p=5$ 时，MRR 差值扩大到 0.0084。这一结果证实了，根据查询词频率的激增幅度灵活调整排序函数的权重值，可以体现不同查询词激增趋势之间的相对大小，进一步提升查询推荐的准确性。

3. 衰减函数对排序性能的影响

为了回答研究问题 RQ3，我们比较了在检测查询词频率激增趋势过程中，对观测数据分别采用相同权重值和不同权重值的排序模型 λ-H-SMA 和 λ-H-WMA 的性能。这两个排序模型均采用长度为 7 天的滑动窗口。表 4.3 给出了相应的 MRR。

表 4.3　前缀长度为 1～5 个字符时 λ-H-SMA 和 λ-H-WMA 的 MRR

#p	λ-H-SMA	λ-H-WMA
1	0.1126	0.1130
2	0.2073	0.2094
3	0.3456	0.3470
4	0.4444	0.4476
5	0.5277	0.5296

显然，对于所有前缀长度，λ-H-WMA 的 MRR 均高于 λ-H-SMA。尤其是，当 $p=2$ 和 $p=4$ 时，λ-H-WMA 的 MRR 相较于 λ-H-SMA 得分更高，分别高 0.0021 和 0.0032。这意味着，λ-H-WMA 可以更准确地预测查询词的未来频率，并捕获用户对信息的时效性需求。

与此同时，表 4.3 的结果还表明，在检测查询词频率的短期激增趋势时，根据时间序列观测数据到当前时刻的时间远近长度，对观测数据灵活地分配权重值比使用统一的权重值性能更好。这一发现与对时间敏感的信息检索方法的相关结论类似，即近期数据在预测未来趋势时比久远数据更加可靠，因此查询词频率观测值的权重应该随着时间间隔的缩短而单调递增。因此，对基于查询词时敏特征的排序模型，在查询词频率激增趋势检测阶段引入衰减函数能提升模型的排序性能。

4. 滑动窗口长度对排序性能的影响

为了回答研究问题 RQ4，我们在查询词频率激增趋势检测阶段使用不同长度的滑动窗口，并探究这些情况下非周期性查询词的检测情况，以及相应排序模型的性能。

参考 MPC-W，使用范围在 2～28 天内 5 个不同长度的滑动窗口。它们对应的 λ-H-WMA 所检测出的非周期性查询词占查询词总数的比例如表 4.4 所示。可以看到，滑动窗口长度为 28 天时，λ-H-WMA 识别出的非周期性查询词最多。另外，长度较短的滑动窗口，如 4 天或 7 天，对应的 λ-H-WMA 检测出的非周期性查询词较少。显然，滑动窗口长度的确会影响查询词频率激增趋势的检测性能。

表 4.4　λ-H-WMA 检测到的非周期性查询词的比例

滑动窗口长度/天	非周期性查询词比例/%
2	44.3
4	43.5
7	43.6
14	44.1
28	52.9

为了进一步了解滑动窗口长度是否会继续影响排序模型的性能,我们在图 4.3 中进一步给出这 5 个不同长度的滑动窗口所对应的 λ-H-WMA 的 MRR。

总体来说，除了在 $p=1$ 处的 MRR 比长度为 4 天的滑动窗口的 λ-H-WMA 低 0.0045，长度为 7 天的滑动窗口对应的 λ-H-WMA 表现最佳。另外，对于所有前缀长度，滑动窗口长度为 28 天的 λ-H-WMA 的 MRR 均为最低。当 $p=3$、$p=4$、$p=5$ 时，长度为 7 天的滑动窗口对应的 λ-H-WMA 比滑动窗口长度为 28 天的 λ-H-WMA 在 MRR 上分别高出约 0.014、0.017、0.013。这表明，随着前缀长度的增加，长度为 7 天的滑动窗口对应的 λ-H-WMA 的性能持续优于其他滑动窗口对应的排序模型。

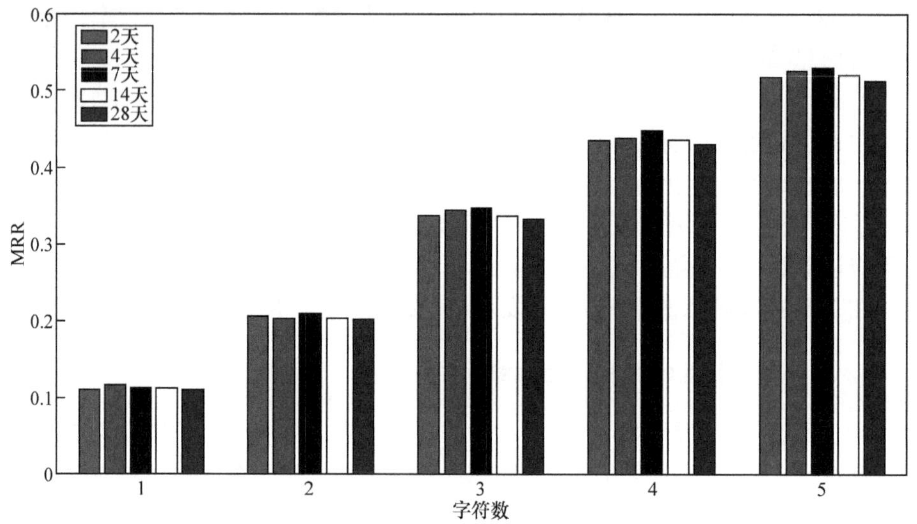

图 4.3　前缀长度为 1～5 个字符时 5 个不同长度的滑动窗口下 λ-H-WMA 的 MRR

值得注意的是，在表 4.4 中，28 天的滑动窗口检测出的非周期性查询词数量最多,但是其对应的 λ-H-WMA 的性能却不如采用其他长度的模型。相比之下，长度为 7 天的滑动窗口检测出的非周期性查询词最少,对应的 λ-H-WMA 的排序性能最佳。这是因为 AOL 数据集中大多数查询词的激增趋势都是短时期的，而长度为 14 天和 28 天的滑动窗口难以迅速检测到这种短期内查询词频率的大幅波动，即使检测到了激增趋势，在预测查询词未来频率时也会存在一定的滞后性。若滑动窗口的长度太短，如 2 天或 4 天，则会扩大查询词频率在短期内的合理波动并引入不必要的噪声。因此，长度为 7 天的滑动窗口最适合检测 AOL 数据集中的非周期性查询词，并且在后续的查询推荐中能进一步提高排序模型的性能。

4.5 本章小结

本章针对目前查询推荐方法中没有考虑查询词频率的非周期性激增趋势，无法及时推荐时效性查询词的问题，开展基于查询词时敏特征的个性化查询推荐方法的研究，具体完成以下主要工作。

(1) 利用傅里叶变换方法分析查询词频率的周期性时敏特征，并根据其变化规律预测查询词的未来频率。

(2) 利用 MA 方法检测查询词频率的非周期性时敏特征，并根据这一短期激增趋势预测查询词频率的激增幅度。

(3) 提出一个排序模型，将两个预测的时敏特征结合起来对候选查询词进行排序，使查询词频率的时敏特征得以充分利用。通过在公开的数据集上进行的一系列实验，证实提出的查询推荐排序模型相比基准模型，能更加准确地捕获用户对信息的时效性需求，并通过推荐与之相关的查询词显著提高排序的准确率。此外，我们还对影响排序模型性能的因素进行了详细地分析。

参考文献

[1] Shokouhi M, Radinsky K. Time-sensitive query auto-completion//Proceedings of the 35th International ACM SIGIR Conference on Research and Development in Information Retrieval, 2012: 601-610.

[2] Shokouhi M. Detecting seasonal queries by time-series analysis//Proceedings of the 34th International ACM SIGIR Conference on Research and Development in Information Retrieval, 2011: 1171-1172.

[3] Bar-Yossef Z, Kraus N. Context-sensitive query auto-completion//Proceedings of the 20th International World Wide Web Conference, 2011: 107-116.

[4] Di Santo G, McCreadie R, Mac Donald C, et al. Comparing approaches for query autocompletion//Proceedings of the 38th International ACM SIGIR Conference on Research and Development in Information Retrieval, 2015: 775-778.

[5] Chaudhuri S, Kaushik R. Extending autocompletion to tolerate errors//Proceedings of the 2009 ACM SIGMOD International Conference on Management of Data, 2009: 707-718.

[6] Whiting S, Jose J M. Recent and robust query auto-completion//Proceedings of the 23rd International World Wide Web Conference, 2014: 971-982.

[7] Cai F, Liang S, de Rijke M. Prefix-adaptive and time-sensitive personalized query auto completion. IEEE Transactions on Knowledge and Data Engineering, 2016, 8: 128-136.

[8] Strizhevskaya A, Baytin A, Galinskaya I, et al. Actualization of query sug-gestions using query logs//Proceedings of the 21st International World Wide Web Conference, 2012: 611-612.

[9] Brown R. Smoothing, Forecasting and Prediction of Discrete Time Series. Prentice: Prentice-Hall,

1963.

[10] Holt C C. Forecasting seasonals and trends by exponentially weighted moving averages. International Journal of Forecasting. 2004, 20 (1): 5-10.

[11] Winters P. Forecasting sales by exponentially weighted moving averages. Management Science, 1960, 6(3): 324-342.

[12] Box G , Jenkins G , Reinsel G . Time Series Analysis: Forecasting and Control. Prentice: Prentice Hall, 1994.

[13] Li X, Croft W B. Time-based language models//Proceedings of the Twelfth International Conference on Information and Knowledge Management, 2003: 469-475.

[14] Diaz F, Jones R. Using temporal profiles of queries for precision prediction//Proceedings of the 27th Annual International ACM SIGIR Conference on Research and Development in Information Retrieval, 2004: 18-24.

[15] Kulkarni A, Teevan J, Svore K M, et al. Understanding temporal query dynamics// Proceedings of the Fourth ACM International Conference on Web Search and Data Mining, 2011: 167-176.

[16] Elsas J L, Dumais S T. Leveraging temporal dynamics of document content in relevance ranking//Proceedings of the Third ACM International Conference on Web Search and Data Mining, 2010: 1-10.

[17] Berberich K, Bedathur S, Alonso O, et al. A language modeling approach for temporal information needs//Proceedings of the 32nd European Conference on Advances in Information Retrieval, 2010: 13-25.

[18] Nattiya K, Nørvåg K. Determining time of queries for reranking search results// Proceedings of the 14th European Conference on Research and Advanced Technology for Digital Libraries, 2010: 261-272.

[19] Campos R, Dias G, Jorge A M, et al. Enriching temporal query understanding through date identification: how to tag implicit temporal queries//Proceedings of the 2nd Temporal Web Analytics Workshop, 2012: 41-48.

[20] Chien S, Immorlica N. Semantic similarity between search engine queries using temporal correlation//Proceedings of the 14th International World Wide Web Conference, 2005: 2-11.

[21] Alfonseca E, Ciaramita M, Hall K. Gazpacho and summer rash: lexical relationships from temporal patterns of web search queries//Proceedings of the 2009 Conference on Empirical Methods in Natural Language Processing, 2009: 1046-1055.

[22] Choi H, Varian H R. Predicting the Present with Google Trends. Economic Record, 2009, 88: 2-9.

[23] Shimshoni Y, Efron N, Matias Y. On the Predictability of Search Trends. http://doiop.com/googletrends[2022-10-07].

[24] Michail V, Christopher M, Zografoula V, et al. Identifying similarities pe-riodicities and bursts for online search queries//Proceedings of the 2004 ACM SIGMOD International Conference on Management of Data, 2004: 131-142.

[25] 程佩青. 数字信号处理教程. 2 版. 北京: 清华大学出版社, 2001.

[26] Peetz M H, Meij E, de Rijke M. Using temporal bursts for query modeling. Information

Retrieval, 2014, 17 (1): 74-108.

[27] Bennett P N, White R W, Chu W, et al. Modeling the impact of short- and long-term behavior on search personalization//Proceedings of the 35th International ACM SIGIR Conference on Research and Development in Information Retrieval, 2012: 185-194.

[28] Pass G , Chowdhury A, Torgeson C. A picture of search//Proceedings of the 1st International Conference on Scalable Information Systems, 2006: 1-7.

[29] Cai F, Liang S, de Rijke M. Time-sensitive personalized query auto-completion//Proceedings of the 23rd ACM International Conference on Conference on Information and Knowledge Management, 2014: 1599-1608.

[30] Jiang J Y, Cheng P J. Classifying user search intents for query auto-completion//Proceedings of the 2016 ACM International Conference on the Theory of Information Retrieval, 2016: 49-58.

[31] Gama J, Zliobaite I, Bifet A, et al. A survey on concept drift adaptation. ACM Computing Surveys, 2014, 46 (4): 37-44.

[32] Shokouhi M. Learning to personalize query auto-completion//Proceedings of the 36th International ACM SIGIR Conference on Research and Development in Information Retrieval, 2013: 103-112.

第 5 章　地理位置敏感的个性化查询推荐方法

5.1 问 题 描 述

查询词包含的地理位置信息是除时敏特征外的又一重要隐性信息。研究发现，用户提交的查询词中有很大一部分是包含城市、国家名称等的地理名词[1, 2]。这些查询词可以表达用户对特定地点的信息需求。因此，信息系统在构建用户兴趣模型时有必要考虑用户的地理位置偏好，为用户提供与其当前或预测的地理位置相关的信息。此外，地名、国名广泛出现在网络信息中，一方面可以反映用户迫切的地理信息需求，另一方面说明地理位置信息在搜索中的重要性。因此，在分析文档内容和用户信息需求时，及时识别地理名词、提取地理信息对帮助用户快速输入查询词、获得准确有效的信息至关重要。

为了对不同用户有针对性地提供个性化信息服务，信息系统需要获取用户的兴趣偏好信息，并对每个用户建立相应的关注模型。最简便的方法是系统在用户注册时提出一系列关于个人喜好的问题，但是由于过程较为烦琐，出于隐私保护的原因，多数用户通常不愿意透露详细的个人信息。即使用户告知了个人喜好，其兴趣关注也会随着时间发生改变。因此，信息系统需要从用户的行为数据中持续挖掘隐含的搜索意图，以对兴趣偏好模型进行不断地更新。在分析 AOL 数据集时发现，大多数用户均存在重复提交相同或相似查询词的行为。如图 5.1 所示，用户在 9 天的时间内反复提交了相同的查询词，并点击了同样的 URL。因此，对于查询推荐方法而言，当用户积累了一定数量的搜索历史时，在后续的排序中应当考虑候选查询词与用户历史查询词之间的相似度。

与此同时，我们还发现地理名词在查询词中出现的频次很高，如 jobs wichita Kansas、maps of Oklahoma、rome italy restaurants。这类查询词大多包含城市、省份或国家名称，有些也会包含区域或街道名称、标志性建筑物，以及用户所在的邻里周边名称。类似的，Sanderson 等[3]发现 Excite 搜索日志中有五分之一的查询词是与地理信息相关的，其中包含具体地理名词的查询词就占了 80%的比例(占总比例的 14.8%)。我们把这些包含地理信息的查询词称为地理查询词。它可以反映用户的地理信息需求，表达用户希望获得某个特定区域信息的搜索意图。在信息检索领域中，分析用户所在地或查询词中包含的地理名词，并返回空间范围或空间语义匹配的文档能够提升检索准确率已经成为广泛的共识[1, 4, 5]。因此，在查

用户ID	查询	时间	点击的网址
2551291	Raymour & flanigan (家具品牌)	2006-05-15 17:51:23	http://www.raymourflanigan.com/
2551291	raymour and flanigan	2006-05-18 08:52:17	http://www.raymourflanigan.com/
2551291	raymour and flanigan	2006-05-18 09:33:48	http://www.raymourflanigan.com/
2551291	raymour and flanigan	2006-05-18 14:11:15	http://www.raymourflanigan.com/
2551291	raymour and flanigan	2006-05-19 08:43:00	http://www.raymourflanigan.com/
2551291	目标商店	2006-05-19 08:46:02	http://www.target.com/
2551291	目标商店	2006-05-19 08:54:47	http://www.target.com/
2551291	目标商店	2006-05-19 14:07:41	http://www.target.com/
2551291	目标商店	2006-05-22 21:44:13	http://www.target.com/
2551291	目标商店	2006-05-23 20:06:34	http://www.target.com/

图 5.1 AOL 数据集中一个用户的搜索历史实例

询推荐中，同样需要及时辨别用户的地理信息需求，并生成相应的补全查询词推荐列表，提升用户对信息服务的满意度。针对这一现实需求，本章提出对地理位置敏感的个性化查询推荐方法。该方法对用户的搜索历史进行深入挖掘，从中识别显性地理查询词，同时对点击文档进行分析，提取隐性地理查询词。

对于地理位置敏感的查询推荐问题可描述如下。

(1) 已知信息系统记录的搜索日志 $Q=\langle(q_1,\mathrm{URL}_1),(q_2,\mathrm{URL}_2),\cdots,(q_n,\mathrm{URL}_n)\rangle$，用户 u 的搜索历史 $Q_u=\langle(q_{u1},\mathrm{URL}_{u1}),(q_{u2},\mathrm{URL}_{u2}),\cdots,(q_{un},\mathrm{URL}_{un})\rangle$，$t$ 时刻输入的字符串 p，以 p 为前缀的补全查询词集合 $C(p)$。

(2) 信息系统需要从用户 u 的搜索历史中识别地理查询词，计算用户对特定地理位置的兴趣偏好，并综合其他排序标志对 $C(p)$ 中的查询词进行排序，使 t 时刻用户 u 想要输入的查询词 q_* 排在推荐列表最靠前的位置。

5.2 相关研究工作

本章的研究内容与用户搜索历史挖掘相关，因此首先概述如何利用搜索历史建立用户关注模型并完成查询推荐，然后讨论地理信息在信息检索领域中的研究和应用。

5.2.1 基于用户搜索历史的查询推荐方法

用户的搜索历史通常可以反映用户的兴趣偏好和当前的信息需求，因此在查询推荐排序中是重要的参考信息。Bar-Yossef 等[6]提出基于语义近似度(记为 NC)的查询词排序模型，将用户的搜索历史按照用户与系统的互动时间划分为若干搜索会话，利用查询扩展方法得到同一个搜索会话内已提交的查询词 $S=\langle q_1,q_2,\cdots,q_{t-1}\rangle$ 的向量空间表示 v_S，然后以 v_S 作为用户关注模型，依据候选查询词 q 的向量表示 v_q 与用户关注模型之间的余弦相似度进行排序，即

$$\mathrm{NC}(q)=\underset{q\in C(p)}{\arg\max}\frac{v_q\cdot v_S}{\|v_q\|\cdot\|v_S\|} \tag{5.1}$$

Cai 等[7]提出，个性化时间敏感 TP(time-sensitive personalized)排序模型，将查询词的预测频率与用户的搜索历史结合起对查询词进行排序。在建立用户关注模型时，以搜索会话为基本单元划分用户的搜索历史，但是在排序时以候选查询词 q 中的词项在用户搜索会话 S 中出现的次数作为相似度衡量指标，即

$$\mathrm{TP}(S,q)=P(q|S)=\sum_{q_s\in S}\omega_S\cdot\prod_{w_i\in q}p(w_i\mid q_S)^{N(w_i,q)} \tag{5.2}$$

其中，ω_S 为历史查询词 q_S 的权重值；w_i 为查询词 q 中的词项，即 $q=\langle w_1,w_2,\cdots,w_n\rangle$；$N(w_i,q)$ 为词项 w_i 在查询词 q 中出现的次数。

Kharitonov 等[8]认为搜索会话是用户为完成某个检索任务提交的一系列查询词，因此在分析用户的搜索历史时，应着重分析用户的检索任务，并将检索任务的完成情况加入用户的关注模型中，即

$$P(q\mid S)=P(q)\cdot P(\mathrm{ctn}=0\mid S)+P(q\mid S,\mathrm{ctn}=1)\cdot P(\mathrm{ctn}=1\mid S) \tag{5.3}$$

其中，ctn 为用户是否继续进行当前检索任务的标志值，是为 1，反之为 0；$P(q)$ 为查询词 q 在整个系统搜索日志中出现的概率；$P(q\mid S,\mathrm{ctn}=1)$ 为查询词 q 在出现当前搜索会话 S 中出现的概率。

在建立用户关注模型时，大多数研究仅采用查询词推荐列表中用户最终选择的查询词，而不考虑列表中未被点击的推荐词。Zhang 等[9]指出未被点击的推荐词作为负反馈信息同样也能用于建立用户的关注模型，并且它的数量远高于用户提交的查询词。因此，他们提出 adaQAC 排序模型。该模型同时包含推荐的查询词 q 被用户点击和不被用户点击情况下的特征信息，即

$$\mathrm{adaQAC}(q)=r(q,u,p)+\omega(u)\cdot x(q,u,p) \tag{5.4}$$

其中，$r(q,u,p)$ 为正反馈信息，表示当用户 u 输入前缀字符串 p，q 被点击时的相关度得分向量；$x(q,u,p)$ 为负反馈信息，表示推荐词 q 未被用户点击时，q 对应的特征向量；$\omega(u)$ 为负反馈信息的权重值。

上述查询推荐方法在建立用户关注模型时，均直接对用户的搜索历史进行分析和利用。除此之外，还有方法借助点击模型[10, 11]、主题模型[12]、机器学习[12, 13]、神经网络[14, 15]分析用户的搜索历史和行为信息，建立用户的关注模型，并完成查询词的排序推荐。但是，这些方法均没有研究查询词中包含的地理名词，也没有

考虑用户的地理信息需求。本章研究了地理信息的提取及其在查询推荐排序中的应用，并证明根据用户的地理信息需求调整排序结果能够提升推荐的准确率。与本章研究内容最为相似的是 Shokouhi[13]提出的基于学习的查询推荐方法。他提出一系列基于用户个人信息和人口统计学的特征，并用 LambdaMART[16]方法进行学习排序。与 Shokouhi 工作的不同之处在于，首先本章使用的地理信息是从用户的搜索历史中提取的，是动态的、丰富的，而文献[13]使用的地理信息是用户注册时填写的邮政编码，是静态的、单一的。其次，本章采用线性凸组合将地理信息融入排序之中，而文献[13]是利用监督学习方法将地理信息作为特征来训练排序模型。

5.2.2　地理信息检索方法

互联网技术的飞速发展极大地开阔了人们的视野，人们不再局限于获取本地的各类信息，还关注世界各地的发展动态。这使地理信息在网络搜索中的比重日益增长。传统的信息检索方法由于忽略地理名词中包含的特殊语义信息，因此无法满足用户的地理信息需求。如今，越来越多的研究者开始重视研究与地理位置相关的信息的提取、存储、索引、查询和排序问题[17]。地理信息检索成为近年来的热门研究领域。地理信息检索可分为三部分，即用户地理信息需求分析、文档地理范围计算和相关度排序。

用户的地理信息需求通常反映在提交的查询词上，Sanderson 等[3]以及 Zhang 等[18]均对搜索日志中的地理查询词进行了分析。前者主要研究地理查询词的长度、频率、主题和空间关联等基本属性，后者侧重研究用户在提交查询词时对地理信息的修改行为。此外，Henrich 等[19]在分析查询词后发现用户的地理信息需求主要分为四类，即查询住宿地点，如酒店信息；查询住宅环境，如待售房屋信息；查询区域信息，如本地天气；查询娱乐信息，如餐厅地点。文档的地理范围指文档的整体内容指向的地理区域。从文档中提取地理信息、为文档分配相应的地理范围是完成地理信息检索的必要步骤。Wang 等[20]将文档的地理位置分为三类，即文档发布者所在地、文档内容所在地、文档服务者所在地。Ding 等[21]根据网络文档的文本内容和超链接的地理分布估计文档对应的地理范围，并将文档与其目标用户建立对应关系，从而提升检索结果的准确性。Wing 等[22]利用语言模型对 Wikipedia 中的文档自动分配地理坐标。他们首先用网格将地球表面分隔成一个个小区域，然后用已标记的所有属于这个区域的 Wikipedia 文档建立该区域的语言模型。对于新的文档，可以通过计算该文档的语言模型与所有区域的语言模型的 Kullback Leibler 散度，找到最为相似的区域，并认为新文档的地理范围即该区域。

地理信息检索与普通检索之间的最大区别在于，需要计算文档与查询词之间的地理关联性，如地理位置的邻近程度、覆盖范围、其他空间关系[23]。Sabbata

等[24]列举了 29 个地理相关度计算指标，并通过实验讨论不同情景下，利用这些指标排序所得的文档是否能满足用户真实的地理信息需求。此外，Palacio 等[25]从主题、空间、时间三个维度对文档进行了检索，指出这三个维度互为补充，将三个维度结合起来能显著提高检索结果的准确率。

虽然信息检索领域已经意识到有区别地处理地理查询词，并返回与地理位置相关的文档的重要性，但是查询推荐方法依旧会忽略对地理信息的提取和利用。因此，本书通过捕获用户的地理信息搜索意图，推荐与地理位置相关的查询词弥补这一不足。

5.3　地理位置敏感的个性化查询推荐模型

为了将地理信息融入查询推荐排序中，本节首先从用户搜索历史中提取地理信息，并计算用户对特定地理位置的兴趣偏好，然后结合查询词预测频率、用户搜索历史和地理位置偏好构建查询推荐模型。

5.3.1　地理信息提取

地理查询词通常反映用户对与地理位置有关的信息的搜索兴趣，用户希望信息系统呈现的检索结果与某个或某些特定地点是相关的，因此地理查询词比普通查询词包含更多的语义信息和限定条件。信息系统需要对其进行识别筛选并对其语义信息加以特殊处理。由于网络资源信息的体量巨大，依靠人力识别和标注地理查询词几乎是不可能完成的任务，因此我们采用自然语言处理技术自动识别用户搜索历史中的地理名词，提取相应的地理信息，从而挖掘出地理查询词，完成对用户地理兴趣偏好的建模。

根据查询词文本中是否包含地理名词，将地理查询词分为以下两类。

(1) 显性地理查询词。它的词项包含地理名词，可形式化表示为<事件，关系，地点>的三元组，如“hotels in panama city beach”。

(2) 隐性地理查询词。它的词项虽然没有包含明确的地理名词，但是对应的点击文档内容却与某一或某些地理位置高度相关，如“honeymoon places”。

对于显性地理查询词，可以通过对查询词的词项进行逐个分析，找到其中的地理名词。利用 GitHub①中的 GeoText②函数包自动完成这一任务。GeoText 使用的地理数据库来自 GeoNames③提供的覆盖全球范围，总数超过 1000 万的地

① https://github.com/。

② https://github.com/elyase/geotext。

③ http://www.geonames.org/。

理名词。

对于隐性地理查询词，首先根据它对应的 URL 地址，从 ODP(open directory project)数据库中抽取相应的网站简介，然后利用 GeoText 识别简介中出现的地理名词。隐性地理查询词的地理信息提取流程如图 5.2 所示。

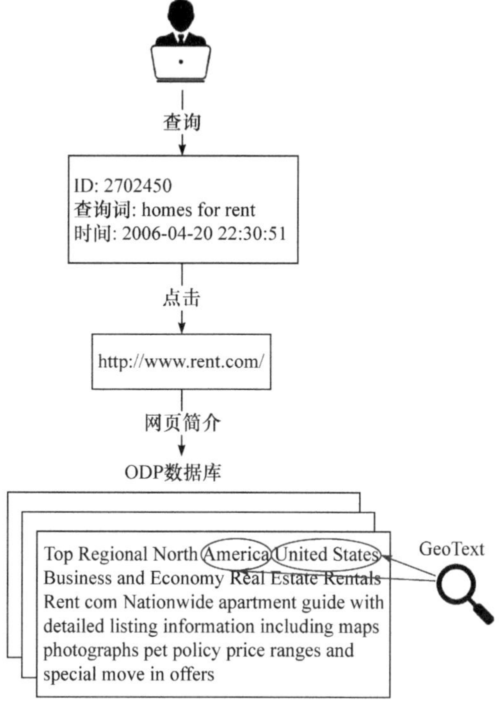

图 5.2　隐性地理查询词的地理信息提取流程

可以发现，大量的 ODP 网站简介中包含多个不同的地理名词。例如，对于查询词“interface financial group”，URL 对应的描述如图 5.3 所示。

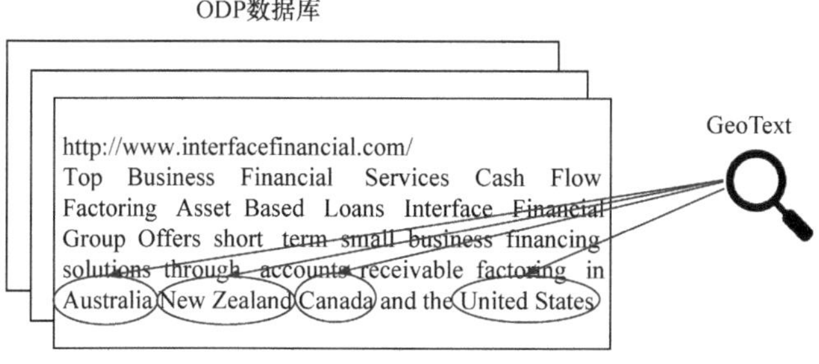

图 5.3　包含多个地理位置的网站简介实例

可以看到，该描述包含{Australia，New Zealand，Canada，United States}4 个

地理位置，以其中任意一个地理位置作为该查询词所隐含的地理信息都是失之偏颇的，会遗漏与其他地理位置相关的信息。因此，为了尽可能客观全面地反映查询词与各个地理位置之间的关联关系，我们采用地理位置的概率分布向量表示查询词所包含的地理信息，即

$$P(q)=\left[P_{l_1},P_{l_2},\cdots,P_{l_n}\right] \tag{5.5}$$

其中，$\{l_1,l_2,\cdots,l_n\}$为查询词 q 对应的点击 URL 的 ODP 数据库中出现的地理名词的集合；P_{l_i} 为 q 与地理位置 l_i 的关联概率，且 $\sum_{i=1}^{n}P_{l_i}=1$。

根据地理位置 l_i 在简介文本中出现的次数 $f(l_i)$ 计算 P_{l_i}，即

$$P_{l_i}=\frac{f(l_i)}{\sum_{i=1}^{n}f(l_i)} \tag{5.6}$$

如图 5.3 所示，查询词“interface financial group”隐含的地理信息为[(Australia，0.25)，(New Zealand，0.25)，(Canada，0.25)，(United States，0.25)]。

需要说明的是，若 q 为显性地理查询词、$\{l_1,l_2,\cdots,l_n\}$为词项中出现的地理名词，同样按照式(5.5)和式(5.6)计算 q 包含的地理信息。但是，q 与其词项中出现的地理位置$\{l_1,l_2,\cdots,l_n\}$强相关，因此不再继续检查 q 的 URL 的简介中是否还包含其他的地点信息。除此之外，研究发现[23,26]，用户通常倾向于查询自己所在地附近的信息。类似的，在对 AOL 数据集进行分析时发现，“local weather”“local jobs”等查询词频繁出现。为了捕获用户对其所在地的地理信息需求，在对查询词的词项进行逐个筛选时发现，除了 GeoText 地理数据库中的地理位置，还增加了地点名词{Local}。

按照上述方法对 AOL 数据集进行地理信息提取，可以得到地理查询词中出现的地理名词对应的地区情况和主题情况，如表 5.1 和图 5.4 所示。可以看到，{United States}在地理查询词对应的地理位置中占 40%以上，居于绝对的主导地位。此外，前 10 个地理位置中有 3 个城市{Florida，Virginia，San Diego}均在{United States}的地理范围之内。可以看出，住宿地点、住宅置业、本地信息和娱乐活动是地理查询词所对应的 4 大主题。由此可以看出，用户地理信息需求的大致指向，信息系统应当根据这一情况对推荐结果进行相应调整。

表 5.1　AOL 数据集中，地理查询词最主要的四个主题所对应的查询频率排名前五的查询词

住宿地点	住宅置业	本地信息	娱乐活动
hotels	homes for sale	local news	restaurants
motels	real estate	local weather	club

续表

住宿地点	住宅置业	本地信息	娱乐活动
inn	apartments	local school	movie theaters
holiday inn	houses for sale	local jobs	things to do
comfort inn	houses for rent	local tv	playhouse

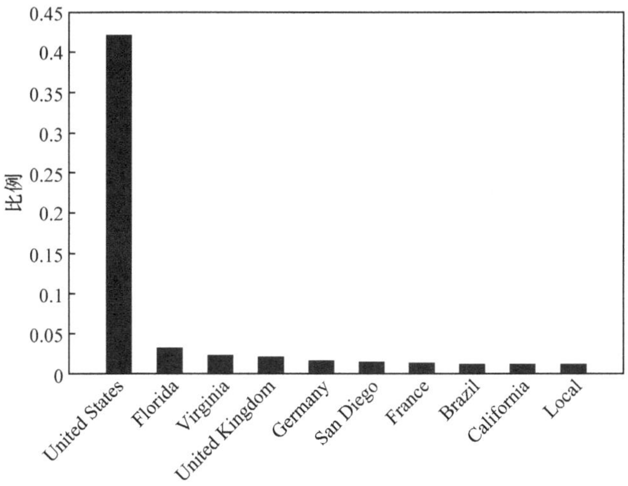

图 5.4　AOL 数据集中地理查询词的前 10 个地理位置的分布比例

从用户的搜索历史中提取地理信息的最终目的是了解查询词背后的用户地理信息需求，而不是单纯分析查询词所包含的地理位置。因此，根据式(5.5)和式(5.6)获得地理查询词的地理位置概率分布之后，可以根据地理查询词在用户搜索历史中出现的概率计算用户的地理兴趣偏好，即

$$P(u)=\sum_{q\in Q_u}\frac{f(q)_u}{\sum\limits_{j\in Q_u}f(j)_u}\cdot P(q) \tag{5.7}$$

其中，Q_u 为用户 u 的历史查询词集合；$f(q)_u$ 为查询词 q 在 Q_u 中出现的次数。

5.3.2　排序模型构建

从 5.2 节和 5.3 节可以了解到，一方面，地理信息查询词占据查询词总数近五分之一的比例，可以反映用户大量的地理信息需求；另一方面，不同于普通查询词，地理查询词包含特殊的语义信息和额外的限定条件，因此需要对其进行识别，并从中提取相应的地理信息。这两个方面促使信息系统在建立用户关注模型时需要加入用户对地理位置的兴趣偏好。

建立用户关注模型为

$$m(u)=\{Q_u,P(u)\} \tag{5.8}$$

其中，Q_u 为用户的搜索历史；$P(u)$ 为用户的地理兴趣偏好。

在此基础上，本章提出一个对于地理位置敏感的个性化查询推荐模型。该模型综合考虑三个排序标志，即查询词在当前时刻的预测频率、查询词与用户的搜索历史的相似度、查询词与用户地理兴趣偏好的相似度。相应的排序函数是这三个排序标志的线性凸组合，即

$$\text{Score}(q)=\alpha\,\text{FreqScore}(q)+\beta\,\text{SimScore}(q)+\gamma\,\text{GeoScore}(q) \tag{5.9}$$

其中，α、β、γ 均为可调的权重参数，且 $\alpha+\beta+\gamma=1$；$\text{FreqScore}(q)$ 为候选查询词 q 基于预测频率的得分；$\text{SimScore}(q)$ 和 $\text{GeoScore}(q)$ 为 q 与用户 u 搜索历史之间的文本和地理相似度得分。

这三个排序得分的具体计算公式为

$$\text{FreqScore}(q)=\frac{\hat{f}(q)_t}{\max\limits_{j\in C(p)}\hat{f}(j)_t} \tag{5.10}$$

$$\text{SimScore}(q)=\frac{1}{|Q_u|}\sum_{q_{un}\in Q_u}N\text{-gram}(q,q_{un}) \tag{5.11}$$

$$\text{GeoScore}(q)=\frac{1}{D(P(u),P(q))} \tag{5.12}$$

其中，$\hat{f}(q)_t$ 为候选查询词 q 在时刻 t 的预测频率；$N\text{-gram}(q,q_{un})$ 为候选查询词 q 与用户 u 的历史查询词 q_{un} 的 N-gram 相似度[27]；$D(P(u),P(q))$ 为用户 u 的地理兴趣偏好和查询词 q 所包含的地理信息之间的欧氏距离。

由于 $\text{FreqScore}(q)$、$\text{SimScore}(q)$ 和 $\text{GeoScore}(q)$ 分别使用不同的计量单位，因此在进行组合前需要分别对它们进行标准化。算法 5.1 详述了对于地理位置敏感的个性化查询推荐排序模型。简称这一排序模型为 LS-QAC。

算法 5.1　对于地理位置敏感的个性化查询推荐排序模型

输入： 信息系统的搜索日志 Q；
　　用户 u 的搜索历史 Q_u，以及在时刻 t 输入的字符串 p；
　　ODP 网站简介集合；
　　以 p 为前缀的补全查询词集合 $C(p)$；
　　排序列表长度 K_{list}

输出： 用户 u 在时刻 t 输入的字符串 p 所对应的查询推荐列表

for 每个元组 $(q,\text{URL})\in Q$ **do**

```
    根据式(5.5)和式(5.6)计算 P(Q)；
end for
for 每个用户 u∈Q  do
    根据式(5.7)计算 P(u)；
end for
for 每个候选查询 q∈C(p)  do
    依据式(5.10)计算 FreqScore(q);
    依据式(5.11)计算 SimScore(q);
    依据式(5.12)计算 GeoScore(q);
    依据式(5.9)计算 Score(q);
end for
根据 Score(q)对 C(p) 排序;
return C(p) 的顶部 K_list 补全
```

5.4　实验与结果分析

本节首先列出研究问题来指导实验的实施,然后依次介绍实验使用的数据集、基准排序模型，以及排序性能评价指标、参数取值，并对实验结果进行分析与讨论。

5.4.1　实验设计

本章实验主要是为了解决如下研究问题。

RQ1：相比基准排序模型，本书提出的 LS-QAC 排序模型在推荐准确率上是否更胜一筹?

RQ2：LS-QAC 排序模型对于地理查询词和普通查询词的推荐性能如何?

RQ3：本书提出的 LS-QAC 排序模型中的权重参数 α 、β 和 γ 对模型的性能有何影响?

5.4.2　实验设置

本节介绍实验前的准备工作，包括处理数据集、选择基准排序模型、性能评价指标、设置模型参数。

1. 数据集

本章仍然采用 AOL 数据集[28]进行实验。首先，对数据集进行预处理，移除包含 URL 字符串的查询词。然后，移除包含特殊字符的查询词，如#、$、&、@等，同时移除无对应 URL 的查询词。最后，按照时间顺序，将每个用户提交的前 75%的查询数据作为训练集，后 25%的查询数据作为测试集。此外，为了在排序过程中顺利地计算候选查询词与用户地理兴趣偏好之间的相似度，只保留在训练集和测试集中均出现的查询词。由表 5.2 可知，显性地理查询词占总查询词的 20.03%，隐性地理查询词占 10.85%。这表明，除了直接识别查询词词项中的地理名词，从用户点击文档中提取地理信息也是非常必要的。占总数约 30% 的地理查询词反映出用户大量的地理信息需求，因此信息系统需要对用户的地理兴趣偏好进行建模并及时调整所推荐的查询词。

表 5.2 预处理后用于提取地理信息的 AOL 数据集的基本统计信息

数据类型	训练集	测试集
查询词总数	625500	208489
去冗余后的查询词总数	173750	173750
用户总数	60801	60801
非重复的点击 URL 总数	104033	104033
显性地理查询词总数	34803	34803
隐性地理查询词总数	18851	18851

2. 评价指标和对比模型

本节同样采用 MRR 作为评价各个排序模型性能的量化指标。除此之外，我们采用前 k 个推荐查询词的命中率(success rate @ top k, SR@k)作为评价模型排序准确性的指标。它与 MRR 一样，也是查询推荐研究中常采用的评价指标[9,29]。SR@k 的计算公式为

$$\text{SR}@k=\frac{1}{|T|}\sum_{q\in T}\text{hit}(q,C(p)_k) \tag{5.13}$$

其中，T 为测试集；对于测试集中查询词 q 对应的前缀 p，若排序模型给出的推荐列表的前 k 个查询词集合 $C(p)_k$ 中包含 q，则 $\text{hit}(q,C(p)_k)=1$，反之 $\text{hit}(q,C(p)_k)=0$；$\text{SR}@k$ 越大，表示前 k 个推荐词的命中率越高，排序模型的性能越好。

在实验结果分析中，还对不同排序模型在同一实验条件下的评价指标值进行两两比较，并用 t 检验来检验显著性。显著性水平 $\alpha_t=0.01$ 和 $\alpha_t=0.05$ 的结果分别用▲/▼(提高/降低)和△/▽(提高/降低)进行标记。

在实验中，还计算了下列模型的排序结果对应的评价指标值，用于比较各个排序模型的性能优劣。

(1) MPC 模型[30]。本章实验称该模型为 MPC-QAC。

(2) 基于时敏特征的查询推荐排序模型[30]。它根据候选查询词频率的周期性变化规律和非周期性激增趋势进行排序，为用户提供具有时效性的查询词推荐列表。本章实验称该模型为 TS-QAC。

与此同时，为了对 LS-QAC 进行更为透彻的分析，本章还考虑它的两个特例。

(1) LS-α 排序模型。它对应式(5.9)计算排序得分时 $\alpha=0$ 的情况，这种情景下查询词的排序忽略了其预测频率的影响，只考虑查询词与用户搜索历史及地理兴趣偏好的相似度。

(2) LS-β 排序模型。它对应式(5.9)计算排序得分时 $\beta=0$ 的情况，这种情景下的排序仅取决于查询词的预测频率及其包含的地理信息。

此外，对于式(5.9)中权重参数 α、β 和 γ 取值的所有组合，把使排序结果达到最优的组合对应的 LS-QAC 模型记为 LS*。

3. 参数设置

为了滤除不必要的噪声确保高效的计算，对于训练集中的每个查询词包含的地理信息 $P(q)$和每个用户的地理兴趣偏好 $P(u)$，仅保留概率最大的前 6 个地理位置。参考 Shokouhi 的工作[13]，在计算查询词与用户搜索历史相似度(即 SimScore(q))时，设置 N-gram 中的 $N=3$。对于测试集中的每个查询词，我们给出前缀长度由 1～5 变化时对应的前 20 个补全查询词，即 $K_{\text{list}}=20$。

5.4.3　结果分析

本节首先从总体上比较各个模型的排序性能，然后分析各个排序模型分别对普通查询词和地理查询词的推荐准确率，最后讨论本书所提模型的权重参数对最终排序结果的影响。

1. 查询推荐排序模型的总体性能

为了回答研究问题 RQ1，首先检验 LS-QAC 是否在查询词相关度排序上比两个基准排序模型更优。各个排序模型在前缀长度为 1～5 个字符时的 MRR 和所有情况下的总体 MRR 如表 5.3 所示。其中，对于每个前缀长度，基准模型和所有排序模型中的最佳结果分别用下划线和加粗表示，LS-QAC 与最佳基准模型 TS-QAC 的 t 检验统计显著性结果标记在相应值的右上角。

表 5.3　各个排序模型在前缀长度为 1～5 个字符时的 MRR 和所有情况下的总体 MRR

#*p*	MPC-QAC	TS-QAC	LS-QAC		
			LS-α	LS-β	LS*
1	0.1827	<u>0.2442</u>	0.3304△	0.2938	**0.3789**▲
2	0.2956	<u>0.3546</u>	0.4290△	0.3933	**0.4729**▲
3	0.4449	<u>0.4984</u>	0.5581△	0.5233	**0.5925**△
4	0.5496	<u>0.5946</u>	0.6418	0.6075	**0.6682**△
5	0.5946	<u>0.6362</u>	0.6786	0.6442	**0.7021**△
总体	0.4061	<u>0.4587</u>	0.5214△	0.4862	α、β 和 γ ▲

对于两个基准排序模型，发现在所有情况下，TS-QAC 的 MRR 均明显高于 MPC-QAC，其中总体 MRR 提升约 0.053，且当 $\#p=1$ 时 MRR 的增幅最大。这再一次印证查询词频率的时敏特征是一个可靠的排序标志，推荐具有时效性的补全查询词能显著提高用户的满意度。

另外，发现本章提出的 LS-QAC 的两个特例 LS-α 和 LS-β，以及最佳模型 LS*($\alpha=0.2$、$\beta=0.7$、$\gamma=0.1$) 的 MRR 均明显优于 TS-QAC。具体来说，LS-α 和 LS-β 的总体 MRR 相对于 TS-QAC 分别提升约 0.0627 和 0.0275，而 LS* 的总体 MRR 更是超出 TS-QAC 近 0.1。这表明，用户的搜索历史包含丰富的兴趣偏好信息，根据搜索历史为每个用户建立其专属的关注模型，并以此对不同用户提供定制化的查询推荐列表，能进一步提升推荐的准确性和用户满意度。此外，最为显著的两个 MRR 的提升是由 LS* 产生的，并且发生在前缀长度较短的情况下。当 $\#p=1$ 和 $\#p=2$ 时，MRR 相对于 TS-QAC 分别提升约 0.135 和 0.12。这进一步说明，用户提交的历史查询词、地理兴趣偏好等用户特定信息，能在排序过程中有效滤除不相关的查询词，从而在前缀长度较短、候选查询词较多的情况下，依然能准确命中用户的目标查询词。除此之外，对于 3 个 LS-QAC 排序模型，LS* 对所有前缀均能推荐准确的查询词，并取得最佳的 MRR，而且它的总体 MRR 分别高出 LS-α 和 LS-β 近 0.04 和 0.07。这表明，将 3 个排序标志结合起来能够产生最佳的推荐结果。

综上所述，可以得到以下结论。

(1) 挖掘用户搜索历史并建立用户关注模型能显著提升排序模型的性能。

(2) 与其他忽略用户地理兴趣偏好的模型相比，LS-QAC 能够提供更为准确的补全查询词，因此挖掘查询词的地理信息和用户的地理兴趣偏好是提高推荐性能的有效途径。

(3) 在 LS-QAC 中，虽然排序标志 FreqScore(q)、SimScore(q)、GeoScore(q) 的权重参数取值不同，它们对排序的贡献度也有大有小，但是这 3 个排序标志对于生成最佳的查询词推荐列表缺一不可。

2. 普通查询词和地理查询词的推荐性能

为了回答研究问题 RQ2，将测试集划分为普通查询词集合与地理查询词集合，并对比 LS* 与两个基准排序模型在这两个集合上的总体推荐性能如表 5.4 所示。在表 5.4 中，用下划线和加粗表示的评价指标值分别代表基准模型和所有排序模型中的最佳结果，显著性水平为 0.01 和 0.05 时的结果分别用▲/▼(提高/降低)和△/▽(提高/降低)标记。

表 5.4　各个排序模型对于普通查询词和地理查询词的总体推荐性能

#p	普通查询词			地理查询词		
	MPC-QAC	TS-QAC	LS*	MPC-QAC	TS-QAC	LS*
MRR	0.4037	<u>0.4563</u>	**0.5418**△	0.3914	<u>0.4285</u>	**0.5620**▲
SR@1	0.3950	<u>0.4359</u>	**0.5361**△	0.3854	<u>0.4103</u>	**0.5542**△
SR@2	0.4119	<u>0.4604</u>	**0.5572**△	0.4081	<u>0.4429</u>	**0.5738**▲
SR@3	0.4246	<u>0.4712</u>	**0.5695**▲	0.4132	<u>0.4513</u>	**0.5964**▲

与表 5.3 的结果类似，对于两个基准模型，TS-QAC 在普通查询词和地理查询词集合上的 MRR 及 SR@k 的值均高于 MPC-QAC。值得注意的是，两个基准模型对地理查询词的推荐准确率均不如普通查询词，其中 TS-QAC 在地理查询词集合上的 MRR 比普通查询词集合低约 0.028，3 个 SR@k 均低 0.02 左右。原因在于，MPC-QAC 和 TS-QAC 在排序时均忽略了地理查询词所包含的特殊语义信息和限制条件，并且未挖掘用户的地理兴趣偏好，因此不能及时识别用户的地理信息需求，无法推荐与之相关的查询词。

相比基准排序模型，本书提出的 LS* 排序模型不但在普通查询词集合和地理查询词集合上均取得最佳的排序性能，而且对地理查询词的推荐结果要比普通查询词更为准确。具体来说，LS* 在地理查询词集合上的 MRR 比普通查询词集合高 0.02 左右，SR@3 的提升幅度更是接近 0.03。实验结果表明，在查询词层面，LS* 的确能准确识别地理查询词并提取其中包含的地理信息；在用户层面，LS* 能从用户的搜索历史中挖掘用户的地理兴趣偏好，找到更符合用户地理信息需求的查询词，并将其排列在推荐列表靠前的位置，从而节省用户查询时间，改善用户体验。

3. 权重参数对排序性能的影响

为了回答研究问题 RQ3，将式(5.9)中三个排序标志对应的权重参数α、β和γ分别设置为[0,1]等间距的 11 个值。LS-QAC 的排序性能随模型权重参数的改变而变化的情况如图 5.5 所示。

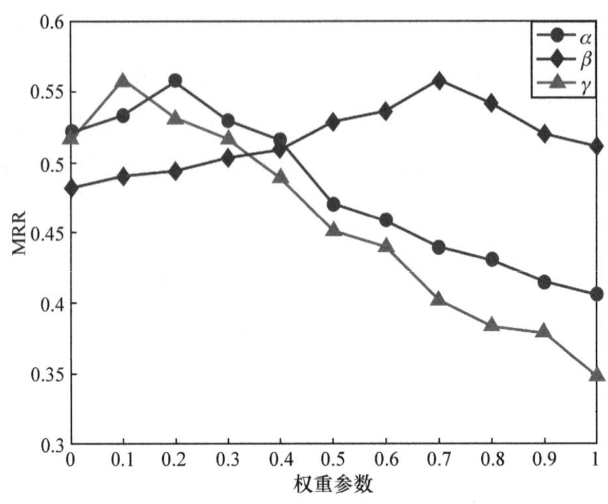

图 5.5 LS-QAC 的排序性能随模型权重参数的改变而变化的情况

从整体上看，LS-QAC 的排序性能对 3 个权重参数的变化均较为敏感。其中，α曲线和γ曲线的走势十分相似，即当α和γ的取值较小时，它们对应的 MRR 迅速爬升到顶点(此时$\alpha = 0.2$、$\gamma = 0.1$)，然后又迅速下降。与此同时，β曲线呈现截然不同的变化趋势，即当β的取值逐渐增加时，其对应的 MRR 先是稳步增长，在$\beta = 0.7$处达到最大值，然后缓慢下降直至到达边界。注意到，这 3 条曲线的顶点值均为 0.5573，与表 5.3 中 LS^* 的总体 MRR 一致。此时，α、β和γ的值是使 LS-QAC 模型性能达到最优的最佳值。

总体来说，当α和γ取值较小、β取值较大时，LS-QAC 的排序结果较好。此时，LS-QAC 在很大程度上依赖候选查询词与用户搜索记录之间的相似度进行排序。除此之外，观察每条趋势曲线的两个端点值时发现，α曲线和γ曲线的左端点值均高于β曲线。可以看出，仅用 SimScore(q)和 GeoScore(q)进行排序的 LS-QAC($\alpha = 0$)和仅用 FreqScore(q)和 SimScore(q)进行排序的 LS-QAC($\gamma = 0$)比忽略 SimScore(q)的 LS-QAC($\beta = 0$)的排序性能更优。另外，α曲线和γ曲线的右端点值均低于β曲线。这意味着，仅依靠 SimScore(q)进行排序的 LS-QAC 模型的性能优于仅依靠 GeoScore(q)或 FreqScore(q)的 LS-QAC 模型。上述所有的 MRR 变化趋势和端点值大小均表明，β是 3 个权重参数中占比最大的。相应地，

SimScore(q)成为最重要的排序标志。虽然 GeoScore(q)对 LS-QAC 的排序贡献度较小，但是它仍然对于推荐准确的补全查询词必不可少。此外，当 GeoScore(q)与其他排序标志结合后能显著提升模型的排序性能。

5.5　本章小结

本章对目前查询推荐方法中将地理查询词等同为普通查询词，忽略其中包含的特殊语义信息和限定条件的问题，研究对地理位置敏感的个性化查询推荐方法。本章对两类不同的地理信息查询词进行分析，并计算查询词和用户关注模型的地理位置概率分布。为了使推荐查询词的准确率达到最大，本章在构建排序模型时综合考虑 3 个排序标志，即查询词的预测频率、用户的搜索历史、用户的地理兴趣偏好。通过在一个真实的数据集上进行实验，并与其他排序模型进行比较，验证提出的排序模型在性能上的优越性。

参考文献

[1] Gan Q Q, Attenberg J, Markowetz A, et al. Analysis of geographic queries in a search engine log//Proceedings of the First International Workshop on Location and the Web, 2008: 49-56

[2] Aloteibi S, Sanderson M. Analyzing geographic query reformulation: an exploratory study. Journal of the Association for Information Science and Technology, 2014, 65 (1): 13-24.

[3] Sanderson M, Kohler J. Analyzing Geographic Queries//SIGIR Workshop on Geographic Information Retrieval, 2004: 8-10.

[4] Cai G. GeoVSM: an integrated retrieval model for geographic information//Proceedings of the Second International Conference on Geographic Information Science, 2002: 65-79.

[5] Cai G. Relevance ranking in geographical information retrieval. SIGSPATIAL Special, 2011, 3 (2): 33-36.

[6] Bar-Yossef Z, Kraus N. Context-sensitive query auto-completion//Proceedings of the 20th International World Wide Web Conference, 2011: 107-116.

[7] Cai F, Liang S S, de Rijke M. Time-sensitive personalized query auto-completion//Proceedings of the 23rd ACM International Conference on Conference on Information and Knowledge Management, 2014: 1599-1608.

[8] Kharitonov E, Macdonald C, Serdyukov P, et al. Intent models for contextualizing and diversifying query suggestions//Proceedings of the 22nd ACM Conference on Information and Knowledge Management, 2013: 2303-2308.

[9] Zhang A, Goyal A, Kong W, et al. AdaQAC: adaptive query auto-completion via implicit negative feedback//Proceedings of the 38th International ACM SIGIR Conference on Research and Development in Information Retrieval, 2015: 143-152.

[10] Li Y E, Dong A L, Wang H N, et al. A two-dimensional click model for query autocompletion//

Proceedings of the 37th International ACM SIGIR Conference on Research and Development in Information Retrieval, 2014: 455-464.

[11] Li L D, Deng H B, Dong A L, et al. Analyzing user's sequential behavior in query auto-completion via Markov processes//Proceedings of the 38th International ACM SIGIR Conference on Research and Development in Information Retrieval, 2015: 123-132.

[12] Li L D, Deng H B, Dong A L, et al. Exploring query auto-completion and click logs for contextual-aware web search and query suggestion//Proceedings of the 26th International Conference on World Wide Web, 2017: 539-548.

[13] Shokouhi M. Learning to personalize query auto-completion//Proceedings of the 36th International ACM SIGIR Conference on Research and Development in Information Retrieval, 2013: 103-112.

[14] Mitra B, Craswell N. Query auto-completion for rare prefixes//Proceedings of the 24th ACM Conference on Information and Knowledge Management, 2015: 1755-1758.

[15] Mitra B. Exploring session context using distributed representations of queries and reformulations//Proceedings of the 38th International ACM SIGIR Conference on Research and Development in Information Retrieval, 2015: 3-12.

[16] Burges C J, Svore K M, Bennett P N, et al. Learning to rank using an ensemble of lambda-gradient models. Journal of Machine Learning Research. 2011, 14: 25-35.

[17] 高勇, 姜丹, 刘磊, 等. 一种地理信息检索的定性模型. 北京大学学报(自然科学版), 2016, 52 (2): 265-273.

[18] Zhang V W, Rey B, Jones R. Geomodification in query rewriting//Proceeding of the 3rd Workshop of Geographic Information Retrieval, 2006: 1-15.

[19] Henrich A, Luedecke V. Characteristics of geographic information needs//Proceedings of the 4th ACM Workshop on Geographical Information Retrieval, 2007: 1-6.

[20] Wang C, Xie X, Wang L, et al. Web resource geographic location classification and detection// Special Interest Tracks and Posters of the 14th International Conference on World Wide Web, 2005: 1138-1139.

[21] Ding J, Gravano L, Shivakumar N. Computing geographical scopes of web resources// Proceedings of the 26th International Conference on Very Large Data Bases, 2000: 545-556.

[22] Wing B P, Baldridge J. Simple supervised document geolocation with geodesic grids// Proceedings of the 49th Annual Meeting of the Association for Computational Linguistics: Human Language Technologies-Volume 1, 2011: 955-964.

[23] Purves R, Jones C. Geographic information retrieval. SIGSPATIAL Special, 2011, 3 (2): 2-4.

[24] Sabbata S D, Reichenbacher T. Criteria of geographic relevance: an experimental study. International Journal of Geographical Information Science, 2012, 26 (8): 1495-1520.

[25] Palacio D, Cabanac G, Sallaberry C, et al. Geographic information retrieval systems evaluation framework: contribution of combining spatial, temporal and topical dimensions. International Journal on Digital Libraries, 2010, 11 (2): 91-109.

[26] Xiao X Y, Luo Q, Li Z S, et al. A Large-scale study on map search logs. ACM Transactions on the Web, 2010, 4 (3): 1-33.

[27] Kondrak G. N-Gram similarity and distance// String Processing and Information Retrieval, 2005: 115-126.

[28] Pass G, Chowdhury A, Torgeson C. A picture of search//Proceedings of the 1st International Conference on Scalable Information Systems, 2006: 1-7.

[29] Jiang J Y, Ke Y Y, Chien P Y, et al. Learning user reformulation behavior for query auto-completion//Proceedings of the 37th International ACM SIGIR Conference on Research and Development in Information Retrieval, 2014: 445-454.

[30] Jiang D Y, Chen H H, Cai F. Exploiting query's temporal patterns for query autocompletion. Mathematical Problems in Engineering, 2017, 4: 1-15.

第 6 章　基于用户主题兴趣的个性化查询推荐方法

6.1　问 题 描 述

个性化查询推荐方法根据用户关注模型识别用户感兴趣的查询词，对“千人一面”的推荐列表进行改进和提炼，以适应不同用户的个人偏好。这种满足用户个性化信息需求的查询词列表能显著提高推荐的成功率，因此个性化方法成为查询推荐领域的研究热点[1,2]。个性化方法通常需要从属于同一个搜索会话的短期搜索历史，或者信息系统记录的长期搜索历史中挖掘用户的行为信息。这些信息按照一定的规则和方法转换成另一种表示方式(如主题类别)，或者被直接使用，以建立一个通用的用户关注模型，扩展个性化服务的覆盖范围。

虽然个性化方法拥有诸多优势，但是最根本的前提就是需要用户足够多的个人信息和搜索记录，否则难以确保方法的有效性。实际情况是，用户的搜索记录通常是非常稀疏的，不足以确定用户的兴趣和搜索意图。如图 6.1 所示[3]，22%的用户在 3 个月内提交的查询词少于 5 个，62%的用户提交的查询词不超过 10 个。与此同时，现有研究通常忽略个性化查询推荐中的数据稀疏性问题，那些只有少量搜索记录的用户通常会在数据预处理时被移除。这一现状促使我们在研究个性化查询推荐中另辟蹊径，即利用与当前用户主题兴趣相似的其他用户的搜索历史来缓解数据稀疏性问题，以获得稳定的推荐性能。

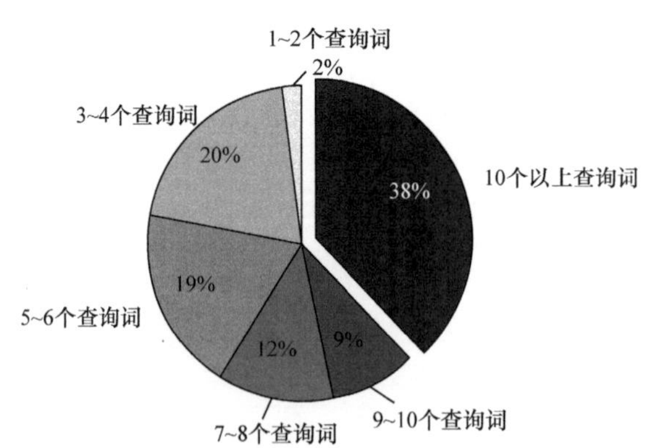

图 6.1　AOL 数据集中用户提交的查询词数量比例

相似用户指与当前用户共同拥有一个或多个相似属性的一群用户。相似属性可以是所在地、主题兴趣、从事领域等方面[4]。例如，一个用户的历史查询词集合为“健身”“篮球”“NBA”“季后赛”。另一个用户的历史查询词集合为“网球”“温网赛程”“健身”。我们发现，这两个用户均对“健身”主题感兴趣，因此他们可以视为相似用户。虽然相似用户这一概念已广泛应用于推荐系统、信息检索等领域，并取得比较令人满意的性能，但是至今仍无研究利用它来解决个性化查询推荐中的数据稀疏问题。本书通过提出基于用户主题兴趣的个性化查询推荐方法来弥补这一不足。

对基于用户主题兴趣的查询推荐问题作如下描述。

(1) 已知信息系统记录的搜索日志 $Q_u = \langle (q_{u1}, \mathrm{URL}_{u1}), (q_{u2}, \mathrm{URL}_{u2}), \cdots, (q_{un}, \mathrm{URL}_{un}) \rangle$，用户 u 的搜索历史 $Q_u = \langle (q_{u1}, \mathrm{URL}_{u1}), (q_{u2}, \mathrm{URL}_{u2}), \cdots, (q_{un}, \mathrm{URL}_{un}) \rangle$，$t$ 时刻输入的字符串 p，以 p 为前缀的补全查询词集合 $C(p)$。

(2) 信息系统需要利用主题模型，从用户 u 的搜索历史中提取用户的主题兴趣 $P(z|u)$，并利用聚类方法找到与用户 u 主题兴趣相似的用户群 U_{cohort}，然后根据相似用户的搜索历史和其他排序标志，对 $C(p)$ 中的查询词进行排序，使 t 时刻用户 u 想要输入的查询词 q_* 排在推荐列表最靠前的位置。

6.2　相关研究工作

本节主要从查询推荐、协同信息检索、主题模型三个方面简要介绍与本章内容相关的研究工作。

6.2.1　数据稀疏性问题的查询推荐方法

用户数据的稀疏性问题一直阻碍着查询推荐方法性能的进一步提升。解决数据稀疏性问题最直接的方法是增加用户的搜索记录，通过聚类方法找到语义相似的查询词，从而对用户的历史数据进行扩充，这是目前大多数查询推荐研究采用的方法。

Chen 等[5]首先从查询词中依次提取出短语、关键词和实体，然后以查询词、短语、关键词和实体为顶点，以短语、关键词、实体在查询词中出现的次数为边建立查询词的语义二部图，并根据二部图计算查询词之间的相似度 $P(q_j|q_i)$，即

$$P(q_j|q_i) = \alpha \cdot P(q_j|q_i)_k + \beta \cdot P(q_j|q_i)_p + \gamma \cdot P(q_j|q_i)_e \tag{6.1}$$

其中，$P(q_j|q_i)_k$、$P(q_j|q_i)_p$、$P(q_j|q_i)_e$ 在查询词 q_i 和 q_j 的语义二部图中分别表示关键词、短语、实体的得分；α、β 和 γ 为权重参数。

由此可以对语义相似的查询词进行聚类，从而完成用户数据的扩充。类似的，为了尽可能从有限的查询词中挖掘更多的信息，Jensen 等[6]将一个查询词拆解为若干词项，对词项按主题进行分类，然后根据各个词项在用户历史查询词中共现的次数，对共现度高的主题进行聚类，从而找到与用户历史查询词语义相似的查询词，并将这些查询词作为补充数据建立用户关注模型。

Baeza-Yates 等[7]将查询词表示为词项的加权向量，即

$$q[i]=\sum_{\mathrm{URL}_u}\frac{f(q)_u\times \mathrm{TF}(t_i,u)}{\max_{t\in V}\mathrm{TF}(t,u)} \tag{6.2}$$

其中，$f(q)_u$ 为查询词 q 在用户搜索历史中出现的次数；$\mathrm{TF}(t,u)$ 为词汇表 V 中词项 t 在用户 u 的所有点击 URL 中出现的次数；$q[i]$ 为查询词对应的向量中的第 i 个元素。

然后，利用 K 均值算法对所有的查询词向量进行聚类，从而找到语义相似的查询词。上述研究均通过获得相似的查询词来解决数据稀疏性问题，而 Liao 等[8]则通过查找相似的搜索会话，以其中的查询词为补充数据解决数据稀疏性问题。他们首先在离线学习阶段对查询词进行聚类，然后以查询词所在类别对搜索会话进行抽象概括，建立搜索会话的后缀树。在在线推荐阶段，他们按照第一个阶段的方法对用户当前的搜索会话进行抽象概括，然后遍历后缀树，找到与之最为相似的搜索会话，并以这些搜索会话中的数据预测用户提交的下一个查询词。

虽然已有研究工作从查询词或者搜索会话层面应对用户数据的稀疏性问题，但是目前尚无研究通过聚类方法从用户层面扩充历史数据。本章利用相似用户解决个性化查询推荐中遇到的数据稀疏性问题。与本章工作最为相近的研究是 Jiang 等[9]提出的用户查询意图分类方法。他们根据用户点击的 URL 对查询词进行分类，从中挖掘用户的搜索意图，提出 22 个基于搜索意图的特征，并采用机器学习方法对候选查询词进行排序。

本章提出的方法与文献[9]的不同之处在于，本书利用 URL 的目的是提取用户的主题兴趣并进一步对用户进行聚类，而文献[9]的目的是对查询词进行分类；本书根据当前用户及其相似用户的搜索历史进行查询词排序推荐，而文献[9]使用所有用户的搜索历史训练一个通用的学习排序模型。

6.2.2 基于相似用户的协同信息检索方法

若当前用户的搜索历史数据不充足，其他相似用户的行为数据对确定当前用户的兴趣偏好和搜索意图可能会有所帮助。出于这一考虑，基于相似用户的协同方法早已应用在信息检索领域，并开发出帮助用户在网络搜索中协同合作的信息

系统[10,11]。近期基于协同的信息检索研究主要集中在从一个更为综合的角度处理用户的搜索历史。通过计算查询词之间和检索结果之间的相似度，White 等[12]筛选出执行过相似检索任务的用户，并利用这些用户的历史数据识别与当前检索任务相关的文档，提升排序的准确性。Yan 等[4]对个性化信息检索模型的性能进行评估，根据主题兴趣、所在地和领域偏好得到 3 个不同的相似用户群，并在每个用户群上进行实验。结果显示，利用相似用户的行为数据进行建模的个性化模型能够明显提升检索文档的相关度。Hassan 等[13]根据用户自身和相似用户群的搜索历史分别提出两个基于机器学习的用户满意度预测模型。他们发现利用相似用户群搜索历史的模型在预测性能上优于利用用户自身搜索历史的模型。

虽然基于相似用户的协同方法在个性化信息检索中被广泛使用，但是目前仍没有相关研究将它们应用到查询推荐之中。本章提出的方法创新性地利用相似用户搜索记录，有助于应对个性化查询推荐中数据稀疏性问题。

6.2.3　主题模型

自从 LDA[14]被提出后，各种主题模型大量涌现，并广泛应用于挖掘大规模文档集合中的主题结构[15,16]。其中，社区主题模型与本书提出的 CTM 最为接近，旨在从文档集合中挖掘出关注主题相似的作者，从而建立作者社区。Zheng 等[17]以文档集合中的作者为顶点，以两两作者出现在同一篇文章中的次数为边绘制作者之间的关联图，然后提出一个社区主题模型从作者关联图中识别出合理数量的社区，并解释所挖掘的社区对应的主题。不同于 Zheng 等在社区挖掘中只考虑作者之间的关联关系，Yin 等[18]在作者关联图中加入了关于作者的描述文本，以确保挖掘的社区中作者关注主题的一致性。在他们提出的社区主题模型中，词项来源于主题，而主题则来源于社区，因此社区被视为伪文档。相应的实验结果证实了他们的假设，即主题能帮助理解社区的组织结构，而社区则有助于主题建模。由于现有的研究在建模的过程中均没有考虑社区随时间而演变的过程，因此 Li 等[19]在建模时加入了时间变量，使社区主题模型具备模拟社区随时间演变的能力。

上述社区主题模型通常用来挖掘大规模文档集合中隐含的语义结构，本章方法利用主题模型在识别隐含的用户主题兴趣上的优势，可以为解决查询推荐中用户数据的稀疏性问题开辟一条新途径。

6.3　基于用户主题兴趣的个性化查询推荐模型

本节将阐述使用主题模型来识别相似用户群，并利用群体的搜索历史进行查询词排序推荐的方法。首先介绍如何借助传统主题模型和聚类方法挖掘相似用户，然后介绍本章提出的两个主题模型，最后给出排序模型的构建过程。

6.3.1　利用传统主题模型进行用户聚类

用户的主题兴趣一直是信息系统预测用户搜索意图的重要参考因素。信息检索领域的许多研究都是利用事先设定的主题类别，如 ODP 分类，对用户的主题兴趣进行建模，以此提升推荐结果的准确性[13]。然而，由于这类预设的主题类别限制了用户建模的灵活性和准确性，因此以 ODP 中对网站 URL_m 的简介作为用户点击文档 d_m 的内容，即 $\mathrm{URL}_m = d_m$ ，并采用 LDA 和作者主题模型[15,20] (author topic model，ATM)从用户的点击文档集合中挖掘用户的主题兴趣偏好，使主题兴趣能随着用户的建模过程不断更新。

LDA 是一个贝叶斯概率主题模型，它把文档视为隐含主题 $z=[k_1,k_2,\cdots,k_K]$ 的有限组合。图 6.2 为 LDA 概率图模型，其中阴影圆圈表示观测变量，非阴影圆圈表示隐含变量，箭头表示变量之间的条件依赖关系，方框表示重复采样，方框底部右下角的数值表示采样次数。主题模型中各变量的含义如表 6.1 所示。

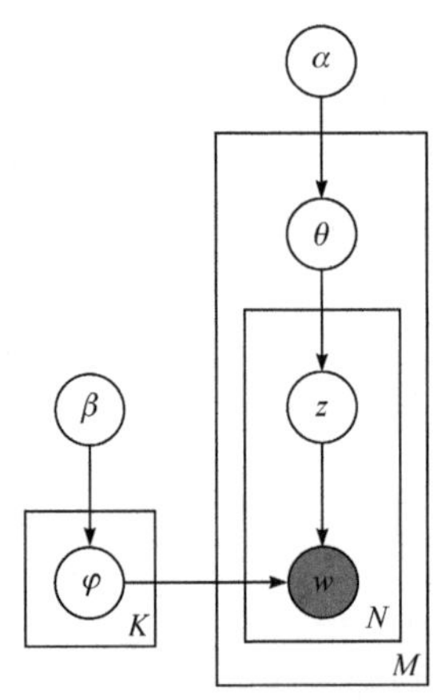

图 6.2　LDA 概率图模型

表 6.1　主题模型中各变量的含义

变量名称	含义
M、K、W、V、U、S	集合中的文档、隐含的主题、所有词项、非重复词项、用户、隐含的相似用户群的总数
N	一个文档的词项个数
α、β、γ、δ	狄利克雷分布中的超参数
θ	一个 $M\times K$ 的矩阵“文档-主题”的概率分布

续表

变量名称	含义
φ	一个 $K\times V$ 的矩阵“主题-词项”的概率分布
ϕ	一个 $U\times K$ 的矩阵“用户-主题”的概率分布
μ	一个 $U\times S$ 的矩阵“用户-相似用户群”的概率分布
χ	一个 $S\times K$ 的矩阵“相似用户群-主题”的概率分布
ψ	一个 $S\times U$ 的矩阵“相似用户群-用户”的概率分布
η	一个 $M\times S$ 的矩阵“文档-相似用户群”的概率分布
n_m	所有用户点击文档 d_m 的次数
u_d	点击文档 d_m 的用户集合
$n_{m,\neg i}^{(k)}$	不包括词项 i，主题 k 在文档 d_m 中出现的次数
$n_{k,\neg i}^{(t)}$	不包括词项 i，词项 t 在主题 k 中出现的次数
$n_{u,\neg i}^{(k)}$	不包括词项 i，主题 k 在用户 u 中出现的次数
$n_{u,\neg i}^{(s)}$	不包括词项 i，相似用户群 S 在用户 u 中出现的次数
$n_{s,\neg i}^{(k)}$	不包括词项 i，主题 k 在相似用户群 S 中出现的次数
$n_{m,\neg i}^{(s)}$	不包括词项 i，相似用户群 S 在文档 d_m 中出现的次数
$n_{s,\neg i}^{(u)}$	不包括词项 i，用户 u 在相似用户群 S 中出现的次数

在查询推荐情景中，LDA 要解决的问题是，已知点击文档 d_m 中的词项 w，计算隐含主题 z 的后验概率分布，即

$$P(z\mid w)=\frac{P(z,w)}{P(w)}=\frac{\prod_{i=1}^{W}P(z_i,w_i)}{\prod_{i=1}^{W}\prod_{k=1}^{K}P(z_i=k,w_i)} \tag{6.3}$$

由于式(6.3)的分子是对 K^W 个词项进行求和，因此直接计算 $P(z\mid w)$ 非常困难。可以利用全概率 $P(z_i\mid z_{\neg i},w)$ 近似估计 $P(z\mid w)$，从而得到

$$P(z_i=k\mid z_{\neg i},w)\propto\frac{n_{k,\neg i}^{(t)}+\beta_t}{\sum_{t=1}^{V}(n_{k,\neg i}^{(t)}+\beta_t)}(n_{m,\neg i}^{(k)}+\alpha_k) \tag{6.4}$$

然后，将狄利克雷分布代入式(6.4)，可得

$$\varphi_{k,t}=\frac{n_{k,-i}^{(t)}+\beta_t}{\sum_{t=1}^{V}(n_{k,-i}^{(t)}+\beta_t)},\quad \theta_{m,k}=\frac{n_{m,-i}^{(k)}+\alpha_k}{\sum_{k=1}^{K}(n_{m,-i}^{(k)}+\alpha_k)} \tag{6.5}$$

根据式(6.5)，可以通过 Gibbs 采样估计后验概率分布 $P(z\,|\,w)$ 。注意到 $\varphi_{k,t}=P(w_i=t\,|\,z_i=k)$ 表示词项 t 属于主题 k 的概率，$\theta_{m,k}=P(z_i=k\,|\,d_m)$ 表示主题 k 出现在文档 d_m 中的概率。得到所有文档的主题概率分布 θ 后，根据用户 u 点击各个文档的次数计算用户的主题兴趣偏好，即

$$P(z|u)=\sum_{m=1}^{M}\frac{n_m}{\sum_{j=1}^{M}n_j}\cdot P(z|d_m)=\sum_{m=1}^{M}\frac{n_m}{\sum_{j=1}^{M}n_j}\cdot\theta_m \tag{6.6}$$

其中，$\frac{n_m}{\sum_{j=1}^{M}n_j}$ 为用户 u 在整个文档集合中点击文档 d_m 的概率。

因此，对于每个用户，都可以得到一个 $1\times K$ 维的主题兴趣向量，利用聚类方法对所有用户的主题兴趣向量进行聚类，就能得到拥有共同主题兴趣的相似用户群。

虽然 LDA 能够给出文档内容的主题结构，但是它没有直接提供用户的主题兴趣信息。ATM 通过将每个文档的作者信息，即 u_d ，作为观测变量加入主题模型对 LDA 进行扩展，从而弥补这一不足。图 6.3 所示为 ATM 的概率图模型，其中 a 表示从文档 d_m 的作者集合 u_d 中随机选择的一个作者。

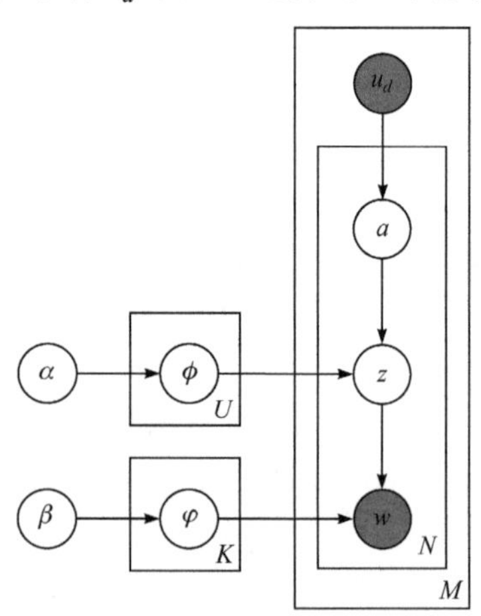

图 6.3　ATM 概率图模型

假设在信息系统搜索日志中，所有点击了文档 d_m 的用户都为 d_m 的作者。这样，ATM 就能应用在查询推荐的用户建模中。已知点击文档 d_m ，通过采用与 LDA

相似的 Gibbs 采样方法，d_m 中隐含主题的后验概率分布可估算为

$$P(z_i=k,a_i=u|\ z_{\neg i},d_{\neg i},w)\propto\frac{n_{k,\neg i}^{(t)}+\beta_t}{\sum_{t=1}^{V}(n_{k,\neg i}^{(t)}+\beta_t)}\frac{n_{u,\neg i}^{(k)}+\alpha_k}{\sum_{k=1}^{K}(n_{u,\neg i}^{(k)}+\alpha_k)} \tag{6.7}$$

根据式(6.7)，ATM 模型参数的计算公式为

$$\varphi_{k,t}=\frac{n_{k,\neg i}^{(t)}+\beta_t}{\sum_{t=1}^{V}(n_{k,\neg i}^{(t)}+\beta_t)},\quad \phi_{u,k}=\frac{n_{u,\neg i}^{(k)}+\alpha_k}{\sum_{k=1}^{K}(n_{u,\neg i}^{(k)}+\alpha_k)} \tag{6.8}$$

其中，$\phi_{u,k}=P(z_i=k\,|\,a_i=u)$ 表示用户 u 对主题 k 感兴趣的概率。

由于 u_d 可以看成点击 d_m 的所有用户的集合，因此“用户-主题”分布 $P(z\,|\,a_i=u)$ 是一个 $1\times K$ 维的向量，并且向量中每个元素 k 等于 $\phi_{u,k}$。利用聚类方法对所有用户的主题兴趣向量进行聚类，即可得到相似用户群 U_{cohort}。

6.3.2　利用相似用户主题模型进行用户聚类

如前所述，LDA 和 ATM 均不能自动完成对相似用户的聚类，因此得到所有用户的主题兴趣向量后，必须借助聚类方法，如 K 均值方法或 K 最近邻分类方法[21](K-nearest neighbour classification)得到相似用户群。然而，这些聚类方法属于硬聚类方法，即每个用户被划分至唯一一个相似用户群。对于兴趣偏好较为模糊的用户，将他们以一定的概率分配到多个相似用户群显然更符合实际情况。基于这一思想的软聚类(soft clustering)方法，能更好地反映不同用户在兴趣偏好和搜索意图上的多样化差异，相较于硬聚类方法而言，更适合查询推荐情景下的用户建模。因此，提出相似主题模型(cohort topic model，CTM)，将相似用户群作为一个隐含变量加入主题模型中，从而使一个相似用户群可对应多个兴趣主题，而多个相似用户群可以共享同一个兴趣主题，最终将一个用户分配至多个相似用户群，并给出该用户属于每个群的概率。

本章提出的第一个相似用户主题模型(CTM1)如图 6.4 所示。该主题模型假设在生成点击文档的过程中，首先从点击该文档的用户集合中随机抽取一个用户，然后为该用户选择一个相似用户群，并从该相似用户群包含的兴趣主题中选择一个主题，最终根据这一主题生成点击文档中的一个词项。其中，每个用户和各个隐含的相似用户群之间通过多项分布 μ 联系起来；每个相似用户群和各个隐含的主题之间通过多项分布 χ 联系起来；每个主题和文档中的各个词项通过多项分布 φ 联系起来。多项分布 μ、χ、φ 则分别由超参数为 γ、α 和 β 的狄利克雷分布生成。

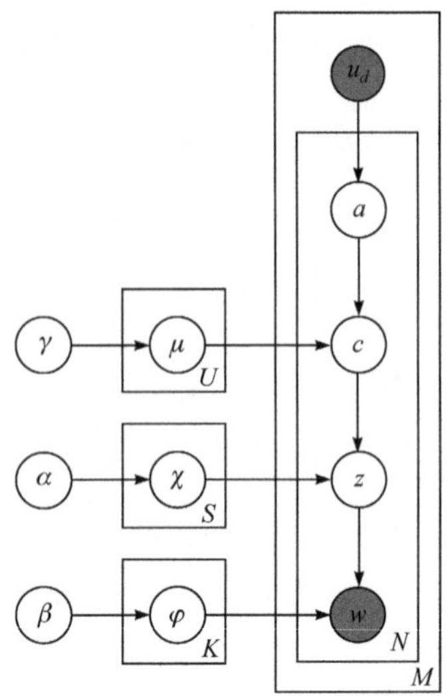

图 6.4 CTM1 概率图模型

CTM1 的词项生成过程可进行如下形式化描述。

1) 生成各个多项分布

(1) 对于文档集合中的每一个用户 a，确定相似用户群分布 $\mu \sim \text{Dirichlet}(\gamma)$。

(2) 对于每一个相似用户群 c，确定主题分布 $\chi \sim \text{Dirichlet}(\alpha)$。

(3) 对于每一个主题 z，确定词项分布 $\varphi \sim \text{Dirichlet}(\beta)$。

2) 生成点击文档 d_m 中的词项 w

(1) 已知点击文档 d_m 的用户集合 u_d，从 u_d 中按照 $u_i = u \sim \text{Uniform}(u_d)$ 抽取一个用户 u。

(2) 已知用户 u，从 u 对应的相似用户群分布中按照 $c_i = s \sim \text{Discrete}(u_u)$ 抽取一个相似用户群 s。

(3) 已知相似用户群 s，从 s 对应的主题分布中按照 $z_i = k \sim \text{Discrete}(\chi_s)$ 抽取一个主题 k。

(4) 已知主题 k，从 k 对应的词项分布中按照 $w_i = t \sim \text{Discrete}(\varphi_k)$ 抽取一个词项 w。

第二个步骤将重复 N 次直至生成文档 d_m 中的所有词项。实现这一过程的 Gibbs 采样迭代公式为

$$P(z_i = k, c_i = s, a_i = u | z_{\neg i}, c_{\neg i}, a_{\neg i}, w) \propto \frac{n_{k,\neg i}^{(t)} + \beta_t}{\sum_{t=1}^{V}(n_{k,\neg i}^{(t)} + \beta_t)} \frac{n_{s,\neg i}^{(k)} + \alpha_k}{\sum_{k=1}^{K}(n_{s,\neg i}^{(k)} + \alpha_k)} \frac{n_{u,\neg i}^{(s)} + \gamma_s}{\sum_{s=1}^{S}(n_{u,\neg i}^{(s)} + \gamma_s)} \tag{6.9}$$

因此，CTM1 中的参数计算式为

$$\chi_{s,k}=\frac{n_{s,\neg i}^{(k)}+\alpha_k}{\sum_{k=1}^{K}(n_{s,\neg i}^{(k)}+\alpha_k)},\quad \mu_{u,s}=\frac{n_{u,\neg i}^{(s)}+\gamma_s}{\sum_{s=1}^{S}(n_{u,\neg i}^{(s)}+\gamma_s)} \tag{6.10}$$

其中，$\chi_{s,k}=P(z_i=k\,|\,c_i=s)$ 表示主题 k 属于相似用户群 s 的概率；$\mu_{u,s}=P(c_i=s\,|\,a_i=u)$ 表示相似用户群 s 包含用户 u 的概率。

由于 $\varphi_{k,t}$ 与 LDA 和 ATM 模型中的含义一样，为简洁，省略它的计算式。

与 CTM1 模型不同，本章提出的第二个相似用户主题模型(CTM2)假设每个用户是从相似用户群中抽取，而非从点击文档的用户集合中采样得到。CTM2 概率图模型如图 6.5 所示。其中，每个点击文档关于所有隐含的相似用户群的多项分布用 η 表示，每个相似用户群关于所有用户的多项分布用 ψ 表示，每个用户关于各个隐含主题的多项分布用 ϕ 表示，每个主题关于各个词项的多项分布用 φ 表示。

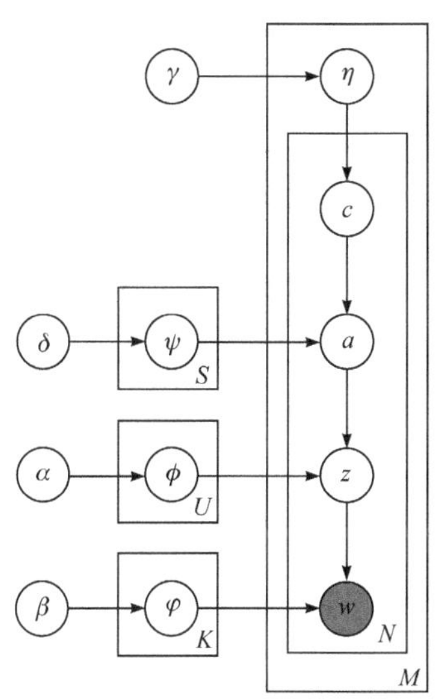

图 6.5　CTM2 概率图模型

上述四个多项分布的超参数分别为 γ 、δ 、α 和 β 。CTM2 的词项生成过程可进行如下形式化描述。

1) 生成各个多项分布

(1) 对于文档集合中的每一篇文档 d_m ，确定相似用户群分布 η～Dirichlet(γ) 。

(2) 对于每一个相似用户群 c，确定用户分布 ψ～Dirichlet(δ) 。

(3) 对于文档集合中的每一个用户 a，确定主题分布 ϕ～Dirichlet(α) 。

(4) 对于每一个主题 z，确定词项分布 $\varphi\sim\text{Dirichlet}(\beta)$ 。

2) 生成点击文档 d_m 中的词项 w

(1) 已知点击文档 d_m ，从 d_m 对应的相似用户群分布中按照 $c_i = s\sim\text{Discrete}(\eta_m)$ 抽取一个相似用户群 s。

(2) 已知相似用户群 s，从 s 对应的用户分布中按照 $u_i = a\sim\text{Discrete}(\psi_s)$ 抽取一个用户 u。

(3) 已知用户 u，从 u 对应的主题分布中按照 $z_i = k\sim\text{Discrete}(\phi_u)$ 抽取一个主题 k。

(4) 已知主题 k，从 k 对应的词项分布中按照 $w_i = t\sim\text{Discrete}(\varphi_k)$ 抽取一个词项 w。

与 CTM1 相似，CTM2 中的 Gibbs 采样依据的后验概率估算式为

$$P(z_i = k, a_i = u, c_i = s \mid z_{-i,}, a_{-i}, c_{\neg i}, w) \propto \frac{n_{k,\neg i}^{(t)} + \beta_t}{\sum_{t=1}^{V}(n_{k,\neg i}^{(t)} + \beta_t)} \frac{n_{u,\neg i}^{(k)} + \alpha_k}{\sum_{k=1}^{K}(n_{u,\neg i}^{(k)} + \alpha_k)} \frac{n_{s,\neg i}^{(u)} + \delta_u}{\sum_{u=1}^{U}(n_{s,\neg i}^{(u)} + \delta_u)} \frac{n_{m,\neg i}^{(s)} + \gamma_s}{\sum_{s=1}^{S}(n_{m,\neg i}^{(s)} + \gamma_s)} \tag{6.11}$$

相应地，CTM2 的参数计算式为

$$\psi_{s,u} = \frac{n_{s,\neg i}^{(u)} + \delta_u}{\sum_{u=1}^{U}(n_{s,\neg i}^{(u)} + \delta_u)}, \quad \eta_{m,s} = \frac{n_{m,\neg i}^{(s)} + \gamma_s}{\sum_{s=1}^{S}(n_{m,\neg i}^{(s)} + \gamma_s)} \tag{6.12}$$

其中，$\psi_{s,u} = P(a_i = u \mid c_i = s)$ 为用户 u 属于相似用户群 s 的概率；$\eta_{m,s} = P(c_i = s \mid d_m)$ 为文档 d_m 符合相似用户群 s 总体兴趣偏好的概率。

由于 $\phi_{u,k}$ 与 ATM 模型中的含义一样，为简洁，省略它的计算式。

总体而言，对于每个用户，本章提出的 CTM 都能给出它属于每个相似用户群的概率，即 CTM1 中为 $\mu_{u,s}$ ，CTM2 中为 $\psi_{s,u}$ 。因此，根据 $\mu_{u,s}$ 或 $\psi_{s,u}$ ，可以对主题兴趣相似的用户进行软聚类。

6.3.3 排序模型构建

在 6.3.2 节，详细阐述了利用四个主题模型，即 LDA、ATM、CTM1、CTM2，对主题兴趣相似的用户进行聚类的方法。对于用户 u，以及隐含的相似用户群 s，按照式(6.13)进行迭代即可得到 u 的相似用户集合 U_{cohort} ，即

$$U_{\text{cohort}} = \arg\max_{y\in U_Q} \text{sim}(u, y), \quad \text{sim}(u, y) = \begin{cases} \mu_{u,s} \cdot \mu_{y,s}, & \text{CTM1} \\ \psi_{s,u} \cdot \psi_{s,y}, & \text{CTM2} \end{cases} \tag{6.13}$$

其中，U_Q 为整个数据集中所有用户构成的集合；$\text{sim}(u, y)$ 为用户 u 与用户 y 之间

的相似度。

需要强调的是，用户 u 也是其自身的相似用户且 $\mathrm{sim}(u,u)=1$。此外，考虑计算效率及噪声问题，对于每一个用户，仅保留 $\mathrm{sim}(u,y)$ 最大的前 L 个用户作为他的相似用户。

得到目标用户 u 的相似用户集合后，建立 u 的关注模型为

$$m(u)=\{Q_{\mathrm{cohort}}\} \tag{6.14}$$

其中，Q_{cohort} 为 u 的相似用户的搜索历史。

根据 $m(u)$ 可以对候选查询词进行排序，排序模型是两个排序标志的线性组合，即

$$\mathrm{Score}(q)=\lambda\cdot\ \mathrm{FreqScore}\ (q)+(1-\lambda)\cdot\mathrm{CoScore}(q) \tag{6.15}$$

其中，$\lambda\in[0,1]$ 为一个控制着两个排序标志权重的可调参数；$\mathrm{FreqScore}(q)$ 为基于查询词 q 预测频率的得分；$\mathrm{CoScore}(q)$ 为 q 与相似用户历史查询词之间的相似度。

排序标志 $\mathrm{FreqScore}(q)$ 和 $\mathrm{CoScore}(q)$ 的计算公式如下，即

$$\mathrm{FreqScore}(q)=\frac{\hat{f}(q)_t}{\max\limits_{j\in C(p)}\hat{f}(j)_t} \tag{6.16}$$

$$\mathrm{CoScore}(q)=\mathrm{norm}(\omega_j)\cdot\mathrm{sim}(q,q_j),\quad \mathrm{norm}(\omega_j)=\frac{\mathrm{sim}(u,u_j)}{\sum\limits_{j=1}^{L}\mathrm{sim}(u,u_j)} \tag{6.17}$$

其中，$\hat{f}(q)_t$ 为候选查询词 q 在时刻 t 的预测频率；$\mathrm{norm}(\omega_j)$ 对用户 u 的每一个相似用户在排序中所做的贡献度进行归一化处理，以确保 $\sum\limits_{j}\omega_j=1$；$\mathrm{sim}(q,q_j)$ 为查询词 q 和相似用户 $u_j=U_{\mathrm{cohort}}$ 的历史查询词 q_j 之间的 N-gram 相似度。

由于 $\mathrm{FreqScore}(q)$ 和 $\mathrm{CoScore}(q)$ 分别使用不同的计量单位，因此在进行组合前需要分别对它们进行标准化。算法 6.1 给出了基于用户主题兴趣排序模型的具体实现步骤。

算法 6.1　基于用户主题兴趣的个性化查询推荐排序模型

输入： 信息系统的搜索日志 Q；
用户 u 的搜索历史 Q_u，以及在时刻 t 输入的字符串；
ODP 网站简介集合；
以 p 为前缀的补全查询词集合 $C(p)$；
排序列表的长度 K_{list}，隐含主题总数 K，相似用户群总数 S

```
输出：用户 u 在时刻 t 输入的字符串 p 对应的查询推荐列表
if choose_conventional_topic_model == true then
    if topic_model == LDA then
        for u∈Q do
            for (q_un, URL_un)∈Q_u do
                通过式(6.4)、式(6.5)计算 P(z|u)；
            end for
        通过式(6.6) 计算 P(z|u)；
        end for
    end if
    if topic_model == ATM then
        for URL_m∈Q do
            通过式(6.7)、式(6.8)计算 P(z|u)
        end for
    end if
    根据 P(z|u) 进行聚类，构建相似用户集合 U_cohort；
else
    if topic_model == CTM1 then
        for URL_m∈Q do
            通过式(6.9)、式(6.10)计算 μ_{u,s}；
        end for
    end if
    if topic_model == CTM2 then
        for URL_m∈Q do
            通过式(6.11)、式(6.12)计算 ψ_{s,u}；
        end for
    end if
    通过迭代式(6.13)构建相似用户集合 U_cohort；
end if
for q∈C(p) do
    基于式(6.16)计算 FreqScore(q)；
    基于式(6.17)计算 CoScore(q)；
    基于式(6.15)计算 Score(q)；
end for
```

根据 Score(q) 对 $C(p)$ 排序；
return 补全列表 $C(p)$ 排名首位 K_{list}

6.4　实验与结果分析

本节首先介绍处理完毕后数据集的统计信息和评价模型排序性能的指标，然后逐一说明对比实验中采用的基准排序模型，最后给出各模型的参数设定。

6.4.1　实验设计

本章的后续内容围绕解决下列研究问题展开。

RQ1：本书提出的基于用户主题兴趣的个性化排序模型与基准排序模型相比，是否具有更高的推荐准确率？

RQ2：本书提出的 CTM 比传统主题模型在最终的排序性能上是否更优？

RQ3：查询词的频率得分和查询词的相似度得分这两个排序标志在排序中哪个更重要？

RQ4：相似用户群的数量对排序模型的性能有何影响？

RQ5：本书提出的基于用户主题兴趣的排序模型是否可以缓解个性化查询推荐中用户数据的稀疏性问题？

6.4.2　实验设置

本节首先介绍处理完毕后的数据集的统计信息和评价模型排序性能的指标，然后逐一列举对比实验中采用的基准排序模型，最后给出各个模型的参数设定。

1. 数据集

实验采用 AOL 数据集[3]。在对数据集进行预处理的过程中，依次删除包含 URL 字符串的查询词、包含特殊字符的查询词、无对应 URL 的查询词。考虑排序模型需要利用用户的搜索历史完成用户关注模型的建模，若只有 1～2 条搜索记录则无法划分训练集和测试集，也无法挖掘用户的主题兴趣偏好，因此仅保留提交 4 个或 4 个以上查询词的用户。最后，按照 75%和 25%将每个用户的搜索记录划分为训练集和测试集。此外，我们从 ODP 数据库中抽取每个查询词对应的点击 URL 的描述文档，并以此作为用户点击文档的内容。预处理后用于提取用户主题兴趣的 AOL 数据集的基本统计信息如表 6.2 所示。

表 6.2 预处理后用于提取用户主题兴趣的 AOL 数据集的基本统计信息

数据类型	训练集	测试集
查询词总数	640819	213605
去冗余后的查询词总数	215804	78331
用户总数	144646	144646
非重复的点击 URL 总数	106932	9857
点击文档集合的词项总数	4245908	2665922
点击文档集合非重复的词项总数	16726	11373

2. 评价指标和对比模型

本章采用 MRR 作为评价各个排序模型性能的量化指标，并对各个模型的 MRR 用 t 检验进行显著性验证。

为了验证我们提出的排序模型的有效性，采用以下三个查询推荐排序模型作为基准模型。

(1) MPC 模型[22]。

(2) 对于时间敏感的个性化排序模型[23]。它以查询词的预测频率和查询词与用户历史查询词之间的相似度进行排序，即在根据式(6.17)计算 CoScore(q)时仅使用用户自身的搜索历史。本章的实验部分称该模型为 TP。

(3) 基于分类的个性化排序模型[9]。它利用点击文档对查询词进行分类，并采用机器学习的方法对候选查询词进行排序。本章的实验部分称该模型为 CC。

在对比实验中，根据用户建模过程中采用的主题模型，本章提出的基于用户主题兴趣的排序模型具有以下几种不同的形式。

(1) LDA-QAC 排序模型。它采用 LDA 和聚类方法挖掘用户的主题兴趣，并对相似用户进行聚类。

(2) ATM-QAC 排序模型。它采用 ATM 和聚类方法获得用户的主题兴趣偏好，并完成相似用户的聚类。

(3) CTM1-QAC 排序模型。它利用 CTM1 将用户按照一定的概率分配至多个相似用户群中。

(4) CTM2-QAC 排序模型。它利用 CTM2 来挖掘隐含的相似用户群，并计算用户属于每个群的概率。

CTM1-QAC 和 CTM2-QAC 合称为 CTMs-QAC。

3. 参数设置

在本章对比实验中，隐含主题的总数均固定为 $K=80$ 。由于已有研究指出主题模型中的超参数只影响 Gibbs 采样的收敛性，不影响最终的采样结果[24]，因此主题模型中的超参数设置为 $\alpha = 50/K$、$\beta = 0.01$、$\gamma = 50/\beta$、$\delta = 0.1$。以各个主题模型中 Gibbs 采样迭代 50 次后的结果作为其最终的输出结果。在根据式(6.17)计算 CoScore(q)时，令 $L = 6$。此外，对于 LDA-QAC 和 ATM-QAC，采用 K 均值方法进行聚类，并设置相似用户群的总数为 $S = 20$。与 5.4.2 节一样，计算查询词相似度时设置 N-gram 中的 $N = 3$。对于 CC，采用与文献[9]相同的参数设置，即以 30min 为阈值划分搜索会话，以 LambdaMART 作为学习算法并用 1000 个决策树进行调参，以 MPC 的输出结果作为 CC 的输入。对于测试集中的每一个查询词，我们给出其前缀从 1 个字符累加到 5 个字符时，各个排序模型输出的前 20 个补全查询词。

6.4.3　结果分析

首先，对比基于用户主题兴趣的排序模型与三个基准模型的排序性能，比较 LDA-QAC、ATM-QAC、CTMs-QAC 的推荐准确性。然后，讨论权重参数 λ 对排序性能的影响，研究相似用户群的数量对 CTMs-QAC 排序性能的影响。最后，探究提出的排序模型是否能有效应对用户数据的稀疏性问题。

1. 各个模型排序性能的总体分析

为了回答研究问题 RQ1，首先研究对于不同长度的前缀，基准模型和本书提出的排序模型的推荐准确性。各个排序模型在不同前缀长度情况下的 MRR 和总体 MRR 如表 6.3 所示。其中，基准排序模型和所有排序模型的最佳 MRR 分别用下划线和加粗进行表示，显著水平为 0.01 和 0.05 时的结果分别用▲/▼和△/▽标记。

表 6.3　各个排序模型在不同前缀长度情况下的 MRR 和总体 MRR

#p	MPC	TP	CC	LDA-QAC	ATM-QAC	CTM1-QAC	CTM2-QAC
1	0.0981	0.3535	0.3287	0.3600	0.3534	△0.3670▲	△**0.3684**▲
2	0.1851	0.4434	0.4365	0.4497△	0.4448	△0.4524▲	△**0.4553**▲
3	0.3165	0.5246	0.5183	0.5280△	0.5258	△0.5313△	△**0.5348**▲
4	0.4249	0.5925	0.5947	0.5920	0.5931	△0.5969△	△**0.5997**△
5	0.4921	0.6355	0.6364	0.6318▽	0.6356	△0.6385△	▲**0.6407**△
总体	0.2991	0.5071	0.4992	0.5096	0.5077	△0.5145△	△**0.5170**▲

可以看到，在所有模型中 MPC 的排序准确率最低，其他 6 个个性化排序模型的 MRR 均大幅超过 MPC。其中，TP 的总体 MRR 超出 MPC 近 0.208，当前缀

长度为 2 时，MRR 的提升幅度达到约 0.26。TP 和 CC 相对于 MPC 在排序性能上的巨大提升表明，对每个用户进行个性化的推荐比给出一个相同的推荐列表，更能满足不同用户的信息需求。对于两个个性化的基准排序模型，当前缀的长度较短时(1～3 个字符)，TP 的推荐准确率高于 CC；当前缀的长度增长时，CC 的排序性能逐渐超过 TP。总体而言，TP 的 MRR 高出 CC 近 0.008。可以看出，CC 本质上是对 MPC 结果的重新排序，虽然重新排序后 CC 给出的推荐结果的准确性明显高于 MPC，但是当前缀长度较短时，候选查询词数量庞大，而仅靠查询词总计频率进行排序的 MPC 无法从中筛选出相关的查询词，因此用户的目标查询词并未出现在 MPC 的排序结果中。这一不足会制约 CC 性能的进一步提升。

对于本书提出的基于用户主题兴趣的排序模型，观察到该模型 4 种不同表现形式的总体 MRR 结果均优于最佳基准模型 TP。这表明，利用相似用户搜索历史进行查询词排序具有优越性。具体来说，ATM-QAC 相对于 TP 的性能提升幅度最小，在大多数情况下 ATM-QAC 的 MRR 仅稍高于 TP。此外，虽然当 $p=4$ 和 $p=5$ 时，LDA-QAC 的 MRR 分别比 TP 低 0.0005 和 0.0037，但是前者的总体 MRR 比后者高 0.0025，这表示 LDA-QAC 的整体排序性能优于 TP。与此同时，对于所有长度的前缀，CTMs-QAC 的推荐准确率均高于 TP，并且它们相对于 TP 的 MRR 提升均是统计显著的。这证明了利用 CTM 能够提高查询自动推荐排序的准确性。

值得注意的是，相对于 TP，CTMs-QAC 的最大 MRR 提升出现在长度较短的前缀上。当 $p=1$ 时，CTM1-QAC 和 CTM2-QAC 的 MRR 分别比 TP 高近 0.014 和 0.015。这是因为，当查询词前缀长度较短时，相似用户的搜索历史包含可以滤除掉不相关的查询词的有用信息，提升推荐结果的准确性。然而，随着前缀长度的增加，与前缀相匹配的查询词大幅减少，这使筛选用户的目标查询词变得更加容易，相应地又让进一步提升排序结果的准确性变得更加困难。

相比忽略用户搜索历史的 MPC 模型，以及仅利用用户自身有限的搜索历史进行推荐的 TP 模型和 CC 模型，本章提出的基于用户主题兴趣的排序模型能够通过挖掘相似用户，利用他们的搜索历史进行排序，从而弥补上述三个基准模型的不足，大幅提升排序推荐的准确性。

2. 基于用户主题兴趣的排序模型性能分析

为了回答研究问题 RQ2，进一步根据表 6.3 中的结果，对比 4 个基于用户主题兴趣的排序模型的性能。其中，CTMs-QAC 相对于 LDA-QAC 的显著性检验结果标记在对应 MRR 的左上角。

可以看出，相较于采用硬聚类方法的排序模型，基于软聚类方法的排序模型在推荐准确性上更优。具体来说，LDA-QAC 和 ATM-QAC 的排序性能差距不大。

虽然 LDA-QAC 的总体 MRR 超过 ATM-QAC 近 0.002，但是当 $p=4$ 和 $p=5$ 时，LDA-QAC 的 MRR 分别落后 ATM-QAC 约 0.0011 和 0.0038。这是由于采用硬聚类思想的 K 均值方法会削弱 LDA 和 ATM 在计算 $P(z|u)$ 上的差异。与之相比，CTMs-QAC 在所有实验情况下的 MRR 均明显大于 LDA-QAC 和 ATM-QAC。其中，CTM2-QAC 的总体 MRR 最高，分别超出 LDA-QAC 和 ATM-QAC 近 0.0074 和 0.01。以 K 均值方法为代表的硬聚类方法，无法全面反映用户的多重主题兴趣偏好，因此得到的相似用户群的准确性并不高。

相比传统的主题模型而言，本章提出的 CTM 是为了对相似用户进行聚类而专门设计的，它们能够在挖掘隐含的相似用户群的同时得到用户的主题兴趣偏好，从而更好地捕获用户与相似用户群之间的隶属关系。因此，软聚类方法比硬聚类方法能够更进一步提升查询推荐排序的性能。值得注意的是，CTM2-QAC 在所有情况下的 MRR 均大于 CTM1-QAC。这表明，CTM2 主题模型描述的相似用户聚类过程比 CTM1 更贴近真实情况。

3. 权重参数对排序性能的影响

为了回答研究问题 RQ3，将式(6.15)中的权重参数 λ 以 0.1 为步长从 0 至 1 进行变化，并在图 6.6 中记录利用式(6.15)计算候选查询词排序得分的 5 个排序模型，即 TP、LDA-QAC、ATM-QAC、CTM1-QAC、CTM2-QAC 的总体 MRR 的变化情况。

如图 6.6 所示，可以观察到这 5 个排序模型的总体性能均对 λ 的变化非常敏感，它们的 MRR 达到最大时的 λ 分别为 0.1(TP)、0.2(LDA-QAC)、0.1(ATM-QAC)、

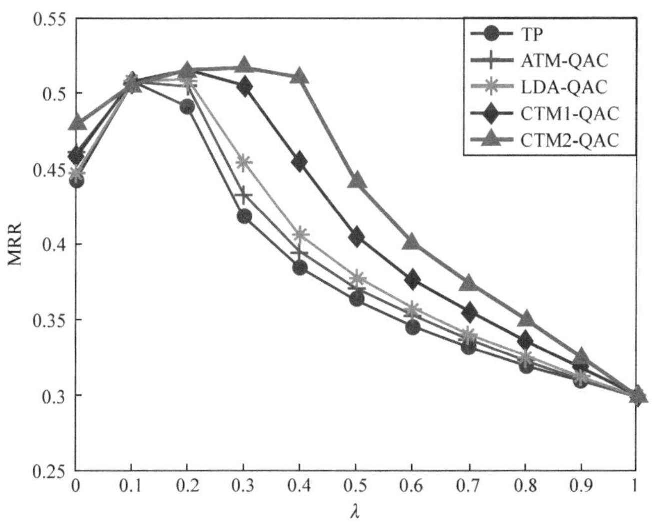

图 6.6　个性化排序模型的总体 MRR 随着权重参数 λ 的改变而变化

0.2(CTM1-QAC)、0.3(CTM2-QAC)。一旦达到顶峰值，这 5 个模型的排序性能便随着 λ 值的继续增加而急转直下，并在 $\lambda=1$ 时取得相同的 MRR。此时，这 5 个模型的排序仅取决于查询词的预测频率。

与此同时还发现，当 λ 较小时(0～0.3)，这 5 个模型的性能相对更好，此时查询词的排序大部分取决于它与用户历史查询词之间的相似度，而非预测频率。另外，当 λ 较大时，这 5 个排序模型的 MRR 明显高于 $\lambda=1$ 时，也就是说仅靠查询词之间的相似度进行排序的模型性能要明显优于仅考虑查询词预测频率的模型。因此，就查询推荐排序而言，查询词之间的文本相似度比查询词的预测频率更为重要。此外，无论 λ 取何值，CTMs-QAC 的 MRR 均高于其他 3 个个性化的排序模型。这再一次证实了利用 CTM 进行排序的有效性和鲁棒性。在其他对比实验中，设置这 5 个排序模型的 λ 是使它们的性能达到最优时的 λ。

4. 相似用户群的数量对排序性能的影响

为了回答研究问题 RQ4，在利用 CTM 进行聚类时，令相似用户群的总数 S 以 2 为步长从 2 到 20 进行变化，并在图 6.7 中记录 CTM1-QAC 和 CTM2-QAC 的总体 MRR 变化情况。

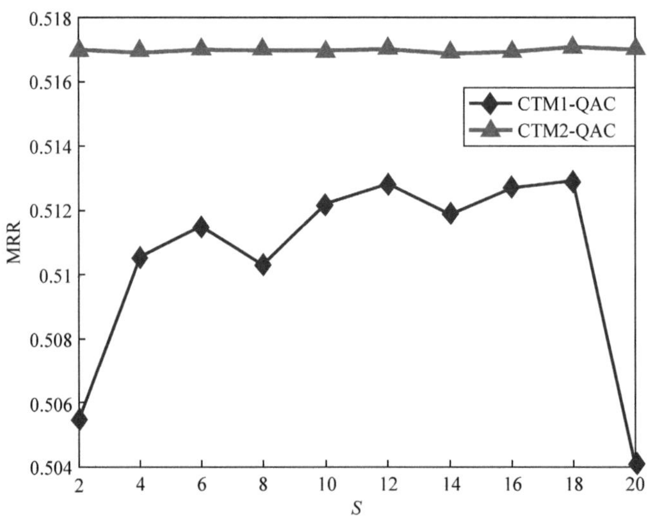

图 6.7　CTM1-QAC 和 CTM2-QAC 的排序性能

可以看到，CTM1-QAC 的排序性能随着 S 的变化发生明显地波动，当 $S=18$ 时，它的 MRR 达到最大，随后性能急剧下降。与之相比，CTM2-QAC 的排序性能对 S 的变化并不敏感，它的 MRR 在 S 取不同值时均保持一个较为稳定的状态。同样，

当 $S=18$ 时，CTM2-QAC 的排序性能达到最优。检查 $\mu_{u,s}$ 和 $\psi_{s,u}$ 的计算值发现，不论 S 取何值，CTM2 中 $\psi_{s,u}$ 较大的用户拥有的搜索历史都非常丰富，他们均提交了上百个查询词。因此，在排序中用来计算 CoScore(q)的历史查询词并没有发生太大的改变。CTM1 中 $\mu_{u,s}$ 最大值对应的用户并不是搜索历史最丰富的，并且它们会随着 S 值的变化而更新。这解释了为什么随着 S 的变化，CTM1-QAC 和 CTM2-QAC 会呈现出两种截然不同的变化趋势。在本章的其他对比试验中，CTM1-QAC 和 CTM2-QAC 相似用户群的总数均设为 $S=18$ 。

5. 解决数据稀疏性问题的性能评估

为了回答研究问题 RQ5，根据提交的查询词数量将用户分为 10 组。对每一组用户，分别用本书提出的 4 个基于用户主题兴趣的排序模型和 2 个个性化的基准排序模型进行查询推荐。个性化排序模型的总体 MRR 随着用户搜索记录的增加而变化的情况如图 6.8 所示。

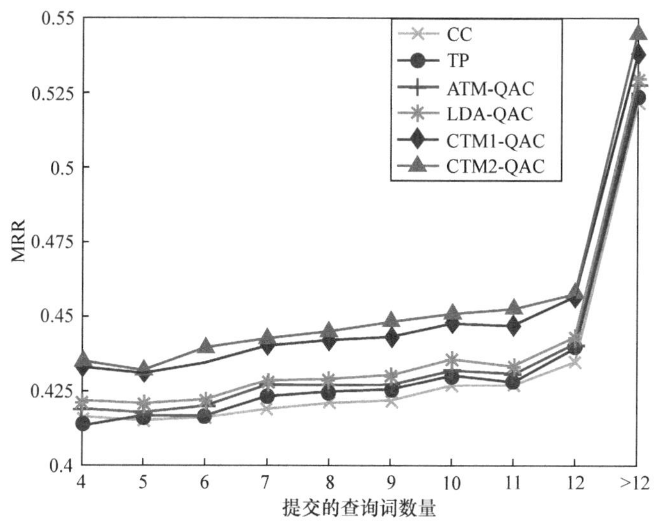

图 6.8　个性化排序模型的总体 MRR 随着用户搜索记录的增加而变化的情况

总体而言，用户的搜索历史越丰富，个性化模型的排序准确率就越高。可以明显地看到，CC 和 TP 的 MRR 是 6 个排序模型中最低的。对于历史查询词数量较少的用户(4～6 个查询词)，CC 的排序性能略高于 TP，当可供参考的搜索记录增加时，TP 的性能逐渐反超 CC。这是由于 CC 用 MPC 排序结果作为输入的做法，限制了它发挥在解决用户数据稀疏性问题时所具有的优势。与此同时，本书提出的 4 个排序模型对所有用户推荐结果的准确性均高于两个基准模型。虽然 ATM-QAC 和 LDA-QAC 相对于 TP 和 CC 的 MRR 提升幅度并不大，但是 CTMs-QAC 的排序性能明显是 6 个模型中最优秀的。此外，随着历史查询词数量的增加，CTMs-QAC 的 MRR 相对于 TP 和 CC 一直保持稳定的大幅度提升，即便对于历史数据较为稀疏的用户(查询词数量≤7)，CTMs-QAC 的 MRR 下降幅度弱于 TP 和 CC。这归功于 CTMs 采用的软聚类思想能够在准确捕获用户主题兴趣的同时，又合理地对相似用户进行聚类。聚类准确性的提高，使排序中利用的相似用户历史查询词能切实反映目标用户的兴趣偏好，减弱用户数据稀疏性问题带来的不良影响，提升排序的准确性。

上述实验结果表明，在排序准确性上，利用相似用户搜索历史进行排序的模型比仅使用用户自身的搜索历史进行排序的基准模型更为优越。此外，利用 CTM 对用户进行聚类，能妥善应对查询推荐中用户数据的稀疏性问题，并使对应的排序模型显示出更稳定的推荐性能。

6.5 本 章 小 结

本章针对个性化查询推荐中的用户数据稀疏性问题，展开基于用户主题兴趣的查询推荐方法研究，采用的主要思路是利用相似用户的搜索记录作为补充数据建立目标用户的关注模型。首先，在用户建模过程中利用主题模型挖掘用户的主题兴趣偏好，然后采用聚类方法将主题兴趣相似的用户聚集成群。由于传统的主题模型在用户建模时采用的硬聚类方法不能客观地反映用户主题兴趣的多元化，因此本章提出 CTM。这一主题模型采用软聚类的思想，将相似用户的聚类融入主题建模过程中，并以一定的概率将用户分配至多个相似用户群。此外，为了获得最优的排序性能，我们在计算排序得分时，结合候选查询词的预测频率，以及与之相似的用户历史查询词之间的相似度。在真实数据集上的实验结果表明，本书提出的排序模型在推荐准确率上明显优于基准模型。这证实了利用相似用户的搜索历史能有效缓解个性化查询推荐中的数据稀疏性问题。

参 考 文 献

[1] Terveen L, Hill W. Beyond recommender systems: helping people help each other//Carroll J M. Human-Computer Interaction in the New Millennium.Boston: Addison-Wesley Professional, 2001, 46: 487-509.

[2] Ricci F, Rokach L, Shapira B. Introduction to Recommended Systems. Boston: Springer, 2011.

[3] Pass G, Chowdhury A, Torgeson C. A picture of search//Proceedings of the 1st International Conference on Scalable Information Systems, 2006: 1-7.

[4] Yan J Y, Chu W, White R W. Cohort modeling for enhanced personalized search//Proceedings of the 37th International ACM SIGIR Conference on Research Development in Information

Retrieval, 2014: 505-514.

[5] Chen J M, Wang Y, Liu J, et al. Modeling semantic and behavioral relations for query suggestion// Wang J, Xiong H, Ishikawa Y, et al. Web-Age Information Management. Berling: Springer, 2013: 666-678.

[6] Jensen E C, Beitzel S M, Chowdhury A, et al. Query phrase suggestion from topically tagged session logs//Larsen H L, Pasi G, Ortiz-Arroyo D, et al. Flexible Query Answering Systems. Berling: Springer, 2006: 185-196.

[7] Baeza-Yates R, Hurtado C, Mendoza M. Query recommendation using query logs in search engines//Current Trends in Database Technology-EDBT 2004 Workshops, 2005: 588-596.

[8] Liao Z, Jiang D X, Chen E H, et al. Mining concept sequences from large-scale search logs for context-aware query suggestion. ACM Transactions on Intelligent Systems and Technology, 2011, 3 (1): 1-40.

[9] Jiang J Y, Cheng P J. Classifying user search intents for query auto-completion//Proceedings of the 2016 ACM International Conference on the Theory of Information Retrieval, 2016: 49-58.

[10] Smyth B, Balfe E, Briggs P, et al. Collaborative web search//Proceedings of the 18th International Joint Conference on Artificial Intelligence, 2003: 1417-1419.

[11] Morris M R, Horvitz E. SearchTogether: an interface for collaborative web search// Proceedings of the 20th Annual ACM Symposium on User Interface Software and Technology, 2007: 3-12.

[12] White R W, Chu W, Hassan A, et al. Enhancing personalized search by mining and modeling task behavior//Proceedings of the 22nd International Conference on World Wide Web, 2013: 1411-1420.

[13] Hassan A, White R W. Personalized models of search satisfaction//Proceedings of the 22nd ACM International Conference on Information & Knowledge Management, 2013: 2009-2018.

[14] Blei D M, Ng A Y, Jordan M I. Latent Dirichlet allocation. Journat of Machine Learning Research, 2003, 3: 993-1022.

[15] Rosen-Zvi M, Chemudugunta C, Griffiths T, et al. Learning author-topic models from text corpora. ACM Transactions on Information Systems, 2010, 28 (1): 4:1-4:38.

[16] Chen X, Zhou M Y, Carin L. The contextual focused topic model//KDD'12-18th ACM SIGKDD International Conference on Knowledge Discovery and Data Mining, 2012: 96-104.

[17] Zheng G Q, Guo J W, Yang L C, et al. Mining topics on participations for community discovery// Proceedings of the 34th International ACM SIGIR Conference on Research and Development in Information Retrieval, 2011: 445-454.

[18] Yin Z J, Cao L L, Gu Q Q, et al. Latent community topic analysis: integration of community discovery with topic modeling. ACM Transactions on Information Systems, 2012, 3 (4): 63:1-63: 21.

[19] Li D F, Ding Y, Shuai X, et al. Adding community and dynamic to topic models. Journal of Informetrics, 2012, 6 (2): 237-253.

[20] Steyvers M, Smyth P, Rosen-Zvi M, et al. Probabilistic author-topic models for information discovery//Proceedings of the Tenth ACM SIGKDD International Conference on Knowledge Discovery and Data Mining, 2004: 306-315.

[21] Wu X D, Kumar V, Quinlan J R, et al. Top 10 algorithms in data mining. Knowledge and Information System, 2007, 14 (1): 1-37.

[22] Bar-Yossef Z, Kraus N. Context-sensitive query auto-completion//Proceedings of the 20th International World Wide Web Conference, 2011: 107-116.

[23] Cai F, Liang S S, de Rijke M. Time-sensitive personalized query auto-completion//Proceedings of the 23rd ACM International Conference on Conference on Information and Knowledge Management, 2014: 1599-1608.

[24] Lu C M, Hu X H, Chen X, et al. The topic-perspective model for social tagging systems//Proceedings of the 16th ACM SIGKDD International Conference on Knowledge Discovery and Data Mining, 2010: 683-692.

第 7 章　面向复杂检索任务的个性化查询推荐方法

7.1　问 题 描 述

用户信息需求的覆盖范围广，复杂程度各异。一些简单明确的需求，例如访问某个网站或者查询某个词语的含义，只需提交一两个查询词即可得到满意的结果。另一些复杂模糊的需求，例如筹备婚礼或者制定旅行计划，通常包含多个方面，一个检索结果页面的文档显然不能满足用户的信息需求，因此用户需要提交一系列查询词从多个信息资源中收集信息，并进行过滤和总结。这一过程通常会持续较长时间且横跨多个搜索会话。为了准确地从用户的搜索历史中识别这些不同粒度的信息需求，推荐与之相关的信息，必须综合考虑以时间顺序排列的用户搜索历史，并将其划分为语义关联的结构。目前查询推荐研究中常采用的语义结构是搜索会话，它以用户两个相邻查询词提交时间的间隔作为划分结构的界限[1,2]。在信息检索领域，越来越多的研究将服务于同一个信息需求的查询词簇称为检索任务[3-5]，并认为以检索任务划分搜索历史更为合理准确。

本章以 30min 静止时间为界限划分搜索会话，并对检索任务进行人工标记。如图 7.1 所示，该用户在近一个月内提交的 16 个查询词分别对应 13 个搜索会话和 3 个检索任务。第一个检索任务是筹备婚礼，包含摄像、服装、音乐、请柬等多个方面，它持续的时间最长，前后跨度 31 天、跨越 11 个搜索会话，是复杂检索任务。其余两个检索任务均通过位于 1 个搜索会话内的 1 个查询词完成，是简单检索任务。文献[6]对 Yahoo 搜索日志分析后发现，有 10%的搜索会话包含服务于复杂检索任务的查询词，并且这些查询词占总数的比例超过 25%。大多数个性化查询推荐方法均基于搜索会话来分析用户的信息需求，虽然它们能很好地为简单检索任务推荐相关的查询词，但是却无法帮助用户完成跨搜索会话的、复杂的检索任务。因此，本章主要分析复杂模糊的用户信息需求，并提出面向复杂检索任务的个性化查询推荐方法，以满足用户不同粒度的信息需求。

本章的研究内容是借助机器学习方法进行查询词排序，因此对基于机器学习方法的查询推荐问题作如下形式化描述。

(1) 已知信息系统记录的搜索日志 $Q=\langle(q_1,\mathrm{URL}_1),(q_2,\mathrm{URL}_2),\cdots,(q_n,\mathrm{URL}_n)\rangle$，用户 u 的搜索历史 $Q_u=\langle(q_{u1},\mathrm{URL}_{u1}),(q_{u2},\mathrm{URL}_{u2}),\cdots,(q_{un},\mathrm{URL}_{un})\rangle$，$t$ 时刻输入的字符串 p，以 p 为前缀的补全查询词集合 $C(p)$。

用户ID	查询	时间	会话ID	任务ID
1966417	wedding cameras	2006-03-04 17:43:58	1	1
1966417	wedding dresses	2006-03-11 13:04:03	2	1
1966417	bridesmaid dresses	2006-03-11 13:05:49	2	1
1966417	wedding cameras	2006-03-11 15:30:00	3	1
1966417	music for weddings	2006-03-11 16:47:59	4	1
1966417	wedding music	2006-03-11 17:44:33	5	1
1966417	wedding music	2006-03-11 17:55:42	5	1
1966417	bouquets	2006-03-20 14:13:25	6	1
1966417	wedding bouquets	2006-03-20 14:43:46	7	1
1966417	suvs	2006-03-24 23:13:45	8	2
1966417	bridal shower invitations	2006-03-26 13:16:48	9	1
1966417	free printable bridal shower invitations	2006-03-26 14:48:28	10	1
1966417	free printable bridal shower invitations	2006-03-26 14:54:41	10	1
1966417	ky lotto	2006-03-26 23:42:08	11	3
1966417	wedding reception songs	2006-04-03 11:42:57	12	1
1966417	wedding reception songs	2006-04-03 12:39:18	13	1

图 7.1 AOL 数据集中一个用户的搜索历史实例

(2) 首先利用一定的方法对 $C(p)$ 中的查询词进行排序，得到长度为 K_{list} 的初始排序列表 $\text{List}(p)$，然后从 Q、Q_u 和 $\text{List}(p)$ 中提取一系列反映补全查询词 q 和用户信息需求之间相关度的排序特征 $\langle e_1, e_2, \cdots, e_n \rangle$。

(3) 在训练阶段，首先对训练集中的前缀 p_{train} 和 $\text{List}(p_{\text{train}})$ 中的每一个补全查询词 q 进行相关度标记 r，得到训练条目 $\langle p_{\text{train}}, q, r \rangle$，然后利用机器学习方法，训练排序模型。

(4) 在测试阶段，将测试条目 $\langle p, q \rangle$ 输入排序模型，得到前缀 p 与每一个补全查询词 q 的相关度预测得分 $\hat{r}$，并依据 $\hat{r}$ 对 $\text{List}(p)$ 中的查询词进行重新排序，使 t 时刻用户 u 的目标查询词 q_* 排列在推荐列表最靠前的位置。

7.2 相关研究工作

本节首先介绍利用机器学习方法的查询推荐排序模型，然后概述信息检索领域中识别检索任务的方法。

7.2.1 基于机器学习的查询推荐方法

鉴于机器学习方法在数据挖掘领域的优异表现，越来越多的研究采用机器学习方法挖掘用户搜索历史和查询词中隐藏的排序特征，使学习排序成为近年来查询推荐研究的热门方法。

Shokouhi[1]首次将机器学习方法应用在查询推荐中，并提出一个监督学习框架。他基于用户的搜索历史和个人信息，将查询词频率与查询词之间的文本相似度以及用户的性别、年龄、所在地等作为排序特征。在对候选查询词和前缀进行相关度标记时，他将用户最终输入的查询词相关度标记为 1，其余候选查询词的相关度标记为 0。这种相关度自动标记方法与人工标记相比，不但可以大大节省时间和精力，而且可以避免人工标记时引入的主观偏差，因此被后续的学习排序方法采用。Jiang 等[3]通过观察两个相邻查询词之间的共性和差异，将用户对查询词的修改行为分为具体化和抽象化。具体化操作是通过增加词项，缩小搜索结果的范围。抽象化是通过减少词项，扩大搜索结果的范围。基于这一分析，他们从词项、查询词、搜索会话三个层次提出一系列排序特征，并利用机器学习方法训练排序模型。例如，在词项层次中，他们将两个相邻查询词共有词项的比例作为一个排序特征，即

$$e_{\text{termratio}} = \frac{|W_{\text{used}}(q_n)|}{|W(q_n)|} \tag{7.1}$$

其中，$|W(q_n)|$ 为查询词 q_n 的词项集合；$W_{\text{used}}(q_n)$ 为 q_n 及其前一个查询词 q_{n-1} 共有的词项集合。

在查询词层次中，他们将两个相邻查询词之间的余弦相似度 $e_{\text{cosinesim}} = \text{sim}_{\cos}(q_n, q_{n-1})$ 作为一个排序特征。在搜索会话层次中，他们将两个相邻查询词的平均提交时间间隔作为排序特征，即

$$e_{\text{timeduration}} = \frac{t_n - t_{n-1}}{\frac{1}{n-2}\sum_{i=1}^{n-2}(t_{i+1} - t_i)} \tag{7.2}$$

其中，t_n 为查询词 q_n 的提交时间。

Zhang 等[7]将推荐列表中未被用户点击的查询词作为负反馈信息，从中提取如查询词排序位置、用户点击推荐列表时的查询词前缀长度等若干个特征，训练一个能够使负反馈损失函数达到最优的学习排序模型。Cai 等[8]提出同源查询词的概念，若 q_i 的词项集合是 q_j 的子集，则 q_i 和 q_j 为同源查询词。他们认为，在排序中加入用户历史查询词对应的同源查询词的频率能提高排序的准确性。因此，他们从候选查询词频率、同源查询词频率、语义相似度三个方面提出 74 个排序特征，并用 LambdaMART 方法[9]训练学习排序模型。Jiang 等[10]通过用户点击 URL 对应的 ODP 类别对查询词进行分类，根据查询词所在的类别得到搜索会话的类别分布，然后基于查询词和搜索会话的类别提出一系列排序特征，并借助机器学习方法对查询词进行学习排序。

可以看到，基于机器学习的查询推荐方法在分析用户当前信息需求时均将搜

索历史划分为搜索会话，没有考虑跨搜索会话的复杂检索任务这一应用场景。因此，当用户信息需求较为复杂且模糊时，现有的方法无法推荐与之相关的查询词。本章通过从用户的搜索历史中识别检索任务，提出利用与检索任务相关的排序特征来弥补这一不足。

7.2.2　检索任务识别方法

理解用户的信息需求是实现精准个性化信息服务的基础。大多数研究以搜索会话作为理解用户信息需求的基本单元。它们从用户在一个搜索会话内连续提交的查询词中提取关联关系，以此作为用户的信息需求，推荐与之相关的信息。近年来，不少研究发现，用户在处理复杂信息需求时所需的时间较长，一般会横跨多个搜索会话，因此服务于同一个信息需求的查询词不一定在提交时间上是连续的[11]。由于基于时间的划分准则并不能有效识别这些互相关联的查询词，因此人们开始以检索任务作为理解用户信息需求的基本单元[12]，并研究检索任务的识别方法。

Donato 等[6]对一个跨越 3 天、包含超过 7000 个搜索会话的 Yahoo 数据集进行分析后发现，约有 10%的搜索会话与复杂的检索任务相关。他们假设，若两个相邻查询词对应的主题相似，则它们属于同一检索任务，反之则属于两个不同的检索任务。因此，他们提出一个主题分类器对检索任务进行自动识别。Kotov 等[11]研究了关于复杂检索任务的两个问题。如何识别与检索任务相关的查询词，以及如何判断用户在后续查询中是否会继续当前的检索任务。针对以上两个问题，他们从用户的搜索历史、查询词对、单个查询词三个层次分别提出两组不同的特征，并利用逻辑回归方法[13]和 LambdaMART 方法[9]对两组特征分别进行训练，预测两个查询词属于同一个检索任务的概率，以及用户在后续检索中继续进行该检索任务的概率。不同于 Kotov 等提出的监督学习方法，Wang 等[5]基于支持向量机框架[14]提出一个半监督聚类模型，通过对相似度较高的查询词进行聚类，将用户的搜索历史划分为若干个跨搜索会话的复杂检索任务。上述研究均以查询词之间的关联关系识别检索任务。除此之外，用户的搜索行为也反映了复杂检索任务的执行情况。He 等[15]发现复杂检索任务的不同执行阶段对应的查询词修改行为也不尽相同。Jiang 等[16]利用眼动仪器记录用户查询、点击、浏览的时间，并以此分析检索任务与用户行为之间的相互影响。

在信息检索领域，虽然检索任务已被证实比搜索会话更能准确反映用户的信息需求，但是大多数查询推荐研究仍然以搜索会话为基本单元分析用户的短期搜索历史，因此无法对复杂的检索任务推荐相关的查询词。本章方法首次将检索任务的识别应用在查询推荐的排序问题中，使与当前检索任务相关的查询词排在最靠前的位置，从而提高排序的准确率。

7.3　面向复杂检索任务的个性化查询推荐模型

本节首先对搜索会话和检索任务做出形式化定义,介绍检索任务的识别方法,然后详细描述本章提出的学习排序模型，并列出用于学习排序的各个特征。

7.3.1　检索任务识别

由于文献对不同搜索会话和检索任务的定义有些许差别，对这两个概念做如下形式化定义。

(1) 在搜索会话中，已知用户 u 的搜索历史 Q_u 和时间阈值 τ_{time}，一个搜索会话 S 是用户 u 连续提交的若干个查询词构成的集合，并且对于 $q_i \in S$ 、 $q_j \in S$ 、 $q_k \notin S$ ，有 $\left|t_i - t_j\right| \leqslant \tau_{\text{time}}$ 且 $\left|t_j - t_k\right| > \tau_{\text{time}}$ 。

(2) 在检索任务中，已知用户 u 的搜索历史 Q_u，一个检索任务 T 是 Q_u 中查询词的一个最大子集，并且 T 中的所有的查询词均服务于某个特定的信息需求。

基于上述定义，将用户搜索历史划分为如图 7.2 所示的层次结构。可以看到，用户根据信息需求形成检索任务，并为完成检索任务提交相应的查询词，而查询词则组成用户的搜索历史。其中的一个检索任务可能包含一个或多个搜索会话，而一个搜索会话可能包含服务于一个或多个检索任务的查询词。目前，检索任务的识别主要依靠人工标记和用户案例分析[5,6]，这需要耗费大量的时间和精力，不适合挖掘大规模数据集中的检索任务。在对 AOL 数据集分析的过程中发现，属于同一检索任务的查询词大多拥有相同的词项或属于同一语义类别。因此，通过计算用户搜索历史中两两查询词 $\left\langle q_i, q_j \right\rangle$ 之间的文本相似度 $\text{sim}_{\text{text}}(q_i, q_j)$ 和语义相似度 $\text{sim}_{\text{semantic}}(q_i, q_j)$ ，可以自动判断 q_i 和 q_j 是否属于同一个检索任务，即

$$P_{\text{task}}(q_i, q_j) = \lambda \text{sim}_{\text{text}}(q_i, q_j) + (1-\lambda)\text{sim}_{\text{semantic}}(q_i, q_j) \tag{7.3}$$

其中， $P_{\text{task}}(q_i, q_j)$ 为查询词 q_i 和 q_j 服务于同一检索任务的概率； $\text{sim}_{\text{text}}(q_i, q_j)$ 和 $\text{sim}_{\text{semantic}}(q_i, q_j)$ 可分别利用 N-gram 相似度($N = 3$)和 word2vec[17]进行计算。

令 τ_{task} 表示预设的判断阈值，对于满足 $P_{\text{task}}(q_i, q_j) \geqslant \tau_{\text{task}}$ 的查询词 $\left\langle q_i, q_j \right\rangle$ 按照如下规则标记检索任务 ID。

(1) 若 q_i 和 q_j 中的任意一个已经分配了检索任务 ID，则用该 ID 标记另一个查询词。

(2) 若 q_i 和 q_j 均未分配检索任务 ID,则用一个新的检索任务 ID 标记 q_i 和 q_j 。

实验发现当 $\lambda = 0.7$ 、 $\tau_{\text{task}} = 0.6$ 时，检索任务识别的准确率最高。

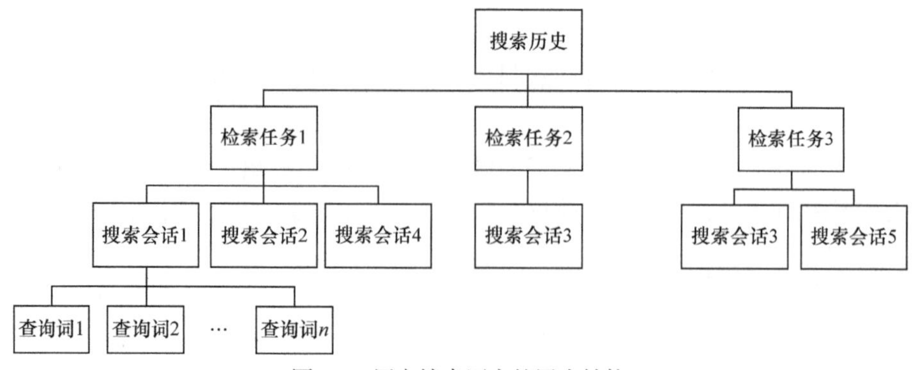

图 7.2　用户搜索历史的层次结构

图中仅标注了“搜索会话 1”的查询词，其余会话省略。

以 $\tau_{\text{time}} = 30\,\text{min}$ 将 AOL 数据集中所有用户的搜索记录划分为搜索会话，并按照上述方法自动识别用户的检索任务。然后，分别统计搜索会话和检索任务中包含的查询词比例，结果如图 7.3 所示。可以看到，有 94%的搜索会话仅包含 1～2 个查询词，而以如此少量的短期历史数据来分析用户当前的信息需求势必引入噪声和偏差，导致后续查询推荐的准确率降低。与之相比，检索任务包含的查询词数量明显增多，其中包含 5 个及以上查询词的检索任务占总数的 11%。因此，以检索任务作为分析和预测用户信息需求的基本单元更符合实际情况和排序建模的需要。

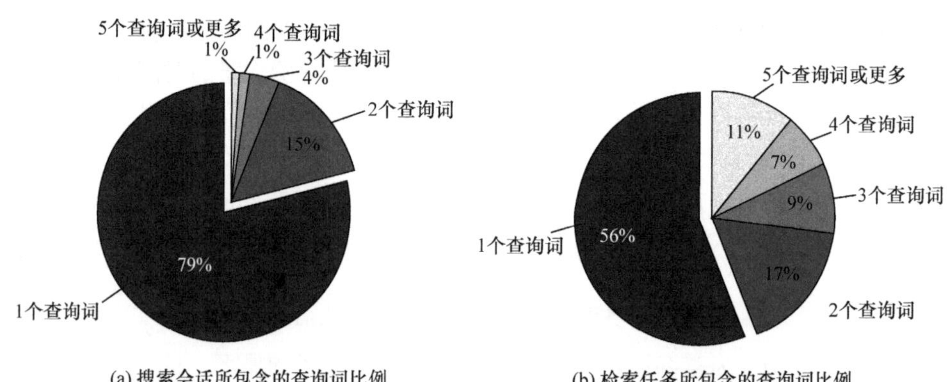

(a) 搜索会话所包含的查询词比例　　(b) 检索任务所包含的查询词比例

图 7.3　AOL 数据集中，搜索会话和检索任务中包含的查询词比例

7.3.2　排序模型构建

本章提出的面向复杂检索任务的个性化查询推荐排序模型是基于机器学习的排序模型。该模型与前几章提出的排序模型的最大不同在于，训练数据由一系列标记过相关度 r 的 $\langle$前缀，查询词，相关度标记$\rangle$ 对组成，即 $\langle p_{\text{train}}, q, r \rangle$ 。因此，在描述具体的排序模型之前，先介绍标记训练数据相关度的方法。

为了与其他基于机器学习的查询推荐方法保持一致，将用户最终输入的查询词 q_* 作为唯一正确的预测查询词。对于训练集 Q_{train} 中的每一个查询词前缀 p_{train} 及其对应的补全查询词 q，按照式(7.4)标记它们之间的相关度，即

$$r=\begin{cases}1, & q=q_*\\0, & q\neq q_*\end{cases}\tag{7.4}$$

完成训练数据的相关度标记后，几乎所有的机器学习方法均能用来训练查询推荐排序模型。在模型训练和测试的过程中，当查询词前缀长度较短时，其对应的补全查询词数量庞大。此外，由于机器学习方法的计算复杂度较高，用该方法对所有补全查询词进行排序会耗费较长的时间，占用大量的内存。因此对于每一个查询词前缀，首先用热门度排序模型[2]返回排名靠前的 K_{list} 个查询词，然后用机器学习方法对它们进行重新排序。

对学习排序模型而言，排序特征是最重要的组成部分，代表影响查询词排序的因素。在训练过程中，学习排序模型首先计算每个候选查询词的排序特征值，然后计算反映用户满意度的损失函数值，并调整各个排序特征对应的权重参数使损失函数值达到最优。为了更好地理解用户的信息需求，根据图 7.2 分别从搜索历史、检索任务、搜索会话、查询词这四个不同的层次提出与检索任务有关的查询词排序特征。面向复杂检索任务的查询词排序模型采用的特征如表 7.1 所示。

表 7.1　面向复杂检索任务的查询词排序模型采用的特征

特征		说明
搜索历史层次的排序特征	H-NumSess	用户 u 的搜索历史 Q_u 包含的搜索会话总数
	H-NumQuer	Q_u 包含的历史查询词总数
	H-CandFreq	候选查询词 q 在 Q_u 中出现的频率
检索任务层次的排序特征	T-CandBegn	候选查询词 q 是否曾作为 Q_u 中检索任务的起始查询词
	T-CandEnd	候选查询词 q 是否曾作为 Q_u 中检索任务的结束查询词
搜索会话层次的排序特征	S-QuerBegn	当前查询时刻 t 是否为一个搜索会话 S 的开始时刻
	S-QuerGap	当前搜索会话 S 的开始时刻与当前查询时刻 t 之间的时间间隔
查询词层次的排序特征	Q-NumChar	候选查询词 q 的字符总数
	Q-NumTerm	候选查询词 q 的词项总数
	Q-LevenDis	候选查询词 q 与当前搜索会话 S 的所有查询词之间的平均 Levenshtein 编辑距离
	Q-JacrdDis	候选查询词 q 与当前搜索会话 S 的所有查询词之间的平均 Jaccard 编辑距离
	Q-NumComm	候选查询词 q 与当前搜索会话 S 的所有查询词之间的平均共同词项数目
	Q-SemtcSim	候选查询词 q 与当前搜索会话 S 的所有查询词之间的平均 word2vec 语义相似度

搜索历史层次的排序特征是为了帮助我们了解用户的搜索习惯和兴趣关注。其中，特征 H-NumSess 和 H-NumQuer 越大，表示用户的搜索历史越丰富，反映该用户更习惯于借助信息系统获得相关资讯。通常情况下，用户提交的查询词越多，他正在完成复杂检索任务的可能性就越大。特征 H-CandFreq 代表用户对特定查询词的兴趣偏好，它的值越大，代表用户对候选查询词 q 的关注度越高，在后续的搜索中，q 被再次查询的概率也越高。

检索任务层次的排序特征是为了探究候选查询词与用户曾经进行的检索任务和正在进行的检索任务之间的关联程度。研究发现[11,18]，在实际的搜索过程中，检索任务特别是复杂的检索任务，往往是互相交叉的，用户经常返回之前的检索任务并继续提交与之相关的查询词。这一行为由特征 T-CandBegn 和 T-CandEnd 捕获，若 q 是用户曾经进行的检索任务的起始查询词或结束查询词，则相应的特征值为 1，反之为 0。

搜索会话层次的排序特征是为了分析用户在一段时间内的连续搜索行为。在对 AOL 数据集进行分析时发现，一个搜索会话的开端很有可能是一个新的检索任务的起始。特征 S-QuerBegn 的值为 0 表示当前查询时刻 t 与用户上一个查询词提交时间之间的间隔超过了预设的时间阈值 τ_{time}，为 1 则表示未超过。此外，当前查询时刻 t 与搜索会话开始时刻之间的时间间隔越长，表示用户正在执行复杂的检索任务的概率越高，以秒为单位计算特征 S-QuerGap 的值。

查询词层次的排序特征是为了计算候选查询词与用户历史查询词之间的文本和语义相似度。其中，特征 Q-NumChar 和 Q-NumTerm 表示候选查询词的内在属性。用户在完成检索任务的过程中，通常会对查询词进行修改，主要表现为词项的增加和删除[15,19]。因此，用特征 Q-LevenDis、Q-JacrdDis、Q-NumComm 来捕获这一行为，这三个特征为

$$\text{Q-LevenDis} = \frac{1}{t-t_s}\sum_{i=t_s}^{t-1}\text{Dis}_{\text{Leven}}(q,q_i) \tag{7.5}$$

$$\text{Q-JacrdDis} = \frac{1}{t-t_s}\sum_{i=t_s}^{t-1}\text{Dis}_{\text{Jacrd}}(q,q_i),\quad \text{Dis}_{\text{Jacrd}}(q,q_i) = 1-\frac{W(q)\cap W(q_i)}{W(q)\cup W(q_i)} \tag{7.6}$$

$$\text{Q-NumComm} = \frac{1}{t-t_s}\sum_{i=t_s}^{t-1}W(q)\cap W(q_i) \tag{7.7}$$

其中，t_s 为当前搜索会话 S 的开始时刻；$\text{Dis}_{\text{Leven}}(q,q_i)$ 为候选查询词 q 与用户历史查询词 q_i 之间的 Levenshtein 编辑距离[20]；$\text{Dis}_{\text{Jacrd}}(q,q_i)$ 为候选查询词 q 与用户历史查询词 q_i 之间的 Jaccard 编辑距离[21]；$W(q)$ 为 q 的词项集合。

此外，服务于同一检索任务的查询词通常属于同一主题，因此它们之间的语义相似度较高[22]，我们用特征 Q-SemtcSim 识别与检索任务语义相关的查询词，即

$$\text{Q-SemtcSim} = \frac{1}{t-t_s}\sum_{i=t_s}^{t-1}\frac{v_q \cdot v_{q_i}}{\left\|v_q\right\| \cdot \left\|v_{q_i}\right\|} \tag{7.8}$$

其中，v_q 为查询词 q 经过 word2vec 处理后得到的向量。

在模型测试阶段，对于测试集中的每个前缀 p_{test}，首先计算其对应的补全查询词 q 的各排序特征值，并将这些特征值输入训练完毕的排序模型中，按照排序模型输出的相关度预测值 $\hat{r}$ 对 K_{list} 个补全查询词重新排序。算法 7.1 所示为面向复杂检索任务的个性化查询推荐排序模型具体实施步骤。称该排序模型为 Task-QAC。

算法 7.1　面向复杂检索任务的个性化查询推荐排序模型

输入： 信息系统的搜索日志 Q，并划分为训练集 Q_{train} 和测试集 Q_{test}；
　　用户 u 的搜索历史 Q_u 以及在时刻 t 输入的字符串 p；
　　以 p 为前缀的补全查询词集合 $C(p)$；
　　划分搜索会话和检索任务的阈值 τ_{time} 和 τ_{task}；
　　排序列表的长度 K_{list}

输出： 用户 u 在时刻 t 输入的字符串 p 所对应的查询推荐列表

for $p \in Q$ **do**
　　根据 MPC 对 $C(p)$ 排序返回补全列表首位 K_{list}；
end for
for 每个前缀 p_{train} 与其在 Q_{train} 中的补全查询词 **do**
　　根据式(7.4)计算标签相关度 $\langle p_{\text{train}}, q, r\rangle$；
end for
for $u \in Q$ **do**
　　根据 τ_{time} 划分会话边界；
　　根据 τ_{task} 和式(7.3)标注压条 ID；
end for
for 在 Q 中的每个前缀 p 及其补全 q **do**
　　计算表 7.1 中列出的特征值；
end for
利用一种带有训练对 $\langle p_{\text{train}}, q, r\rangle$ 的机器学习方法训练 Task-QAC；

根据 Task-QAC 对 p 的补全查询列表 K_{list} 重排序；

7.4 实验与结果分析

本节首先介绍实验的研究问题、处理数据集的步骤、评价排序模型性能的指标和用于对比的基准模型，然后进行一系列实验来验证本章提出的排序模型的性能。

7.4.1 实验设计

以下列研究问题来引导本章的实验。

RQ1：相比基准排序模型，本章提出的 Task-QAC 排序模型能否提高查询词推荐的准确率?

RQ2：对于简单检索任务和复杂检索任务，查询词推荐性能如何?

RQ3：在 Task-QAC 中，各个排序特征的重要程度如何?

7.4.2 实验设置

本节分别介绍数据集、评价指标、基准排序模型和相应的参数设置。

1. 数据集

使用公开的 AOL 搜索日志[23]作为实验所用的数据集。按照如下步骤对原始数据进行预处理。

(1) 以 $\tau_{\text{time}} = 30\,\text{min}$ 为界限将所有用户的搜索历史分割为搜索会话。

(2) 删除搜索会话中包含 URL 字符串(如 www.、http、.com、 .net、 .edu、.gov 等)和特殊字符(如\#、\$、\&、!、@等)的查询词。

(3) 删除没有对应点击文档的查询词，以确保用户提交的查询词带有明确的目的性。

(4) 删除数据集中频率最高的前 100 个查询词，有研究指出[12]，频率较高的查询词，例如 Google、Wikipedia，经常出现在用户的搜索历史中，但与检索任务无直接关系，它们会干扰检索任务的识别。

(5) 保留拥有 10 个以上搜索会话，并且提交总数超过 50 个查询词的用户，以确保学习排序模型的训练性能。

(6) 根据式(7.3)，以 $\lambda = 0.7$ ，$\tau_{\text{task}} = 0.6$ 对用户的查询词标记检索任务 ID，然

后将每个用户提交的前 75%的查询词划分至训练集 Q_{train}，剩余 25%的查询词划分至测试集 Q_{test}。

预处理后用于学习排序的 AOL 数据集的基本统计信息如表 7.2 所示。

表 7.2　预处理后用于学习排序的 AOL 数据集的基本统计信息

数据类型	训练集	测试集
查询词总数	80912	26274
去冗余后的查询词总数	25292	11791
用户总数	1119	1119
搜索会话总数	61893	12957
检索任务总数	17957	8371
前缀总数	20209	20061

2. 评价指标和对比模型

为了评估各个排序模型的性能，采用 MRR 和 SR@k 对排序结果进行量化。同时，在对不同排序模型的评价指标值进行两两对比时，采用 t 检验进行显著性水平测试。

在实验中，将本书提出的排序模型与下列基准排序模型进行对比。

(1) MPC 模型[2]。

(2) 根据用户的搜索历史和个人信息提出一系列排序特征，并利用 Lambda-MART 方法[9]对 MPC 返回的排序结果进行重新排序(记为 LTP)[1]。

与此同时，为了更加全面地分析本书提出的学习排序模型 Task-QAC，采用表 7.1 中历史层次、检索任务和搜索会话层次、查询词层次、所有排序特征进行训练和测试，并称相应的排序模型为 Task-H、Task-TS、Task-Q 和 Task-ALL。

3. 参数设置

Lambda-MART 方法[9]被认为是机器学习中最优秀的方法之一，因此本章采用该方法训练排序模型。在实验中，将决策树的数量固定设为 1000。对于实验中所有的学习排序模型，首先用 MPC 模型返回频率最高的前 10 个补全查询词，即 $K_{\text{list}} = 10$，然后用学习排序模型对它们进行重新排序。若用户最终提交的查询词 q_* 不在 MPC 返回的补全查询词集合中，则重排序问题变得毫无意义，因此删除 q_* 不在初始排序列表中的情况。对测试集中的每个查询词，都会给出它的前缀长度从 1 至 5 进行变化时对应的补全查询词推荐列表。

7.4.3　结果分析

本节首先从整体上评估提出的学习排序模型与两个基准模型的排序性能，然后重点观察学习排序模型帮助用户完成简单或复杂检索任务的情况，最后分析各个特征在学习排序过程中的贡献度。

1. 各个排序模型性能的总体评估

为了回答研究问题 RQ1，本节比较了本书提出的学习排序模型 Task-QAC 与两个基准模型的性能。如表 7.3 所示，列出了对于不同长度的前缀，各个模型生成的排序结果所对应的 MRR，以及总体 MRR。其中，基准模型和所有排序模型在各个情况下的最佳结果分别用下划线和加粗进行表示。Task-QAC 与最佳基准排序模型 LTP 的显著性检测结果用▲/▼标记在相应 MRR 的右上角。

表 7.3　当前缀长度为 1～5 时，各个排序模型所对应的 MRR 和总体 MRR

#*p*	MPC	LTP	Task-QAC			
			Task-H	Task-TS	Task-Q	Task-ALL
1	0.2545	<u>0.3162</u>	**0.7166**▲	0.7004▲	0.1656▼	0.6914▲
2	0.3644	<u>0.4104</u>	0.7421▲	0.7303▲	0.2970▼	**0.7645**▲
3	0.3828	<u>0.5439</u>	0.7443▲	0.7318▲	0.4188▼	**0.7677**▲
4	0.4210	<u>0.6161</u>	0.7540▲	0.7382▲	0.4911▼	**0.7691**▲
5	0.4566	<u>0.6594</u>	0.7735▲	0.7623▲	0.5143▼	**0.7820**▲
总体	0.4190	<u>0.5937</u>	0.7484▲	0.7355▲	0.4869▼	**0.7682**▲

可以看到，在所有排序模型中，MPC 排序结果的准确率最低，而 Task-ALL 的准确率最高。对于两个基准模型，LTP 在所有前缀长度情况下的 MRR 均明显高于 MPC，并且前者的总体 MRR 相较于后者提高近 0.175。这表明，LTP 的排序特征能够反映查询词和用户信息需求之间的关联关系，使 LTP 在对初始排序列表进行重新排序时，将用户的目标查询词提至靠前的位置，从而显著提高 MRR。

对于 Task-QAC 的四种不同形式，除 Task-Q 以外，Task-H、Task-TS、Task-ALL 的 MRR 均大幅超过最佳基准模型 LTP。具体来说，Task-Q 在所有前缀长度下的 MRR 均小于 LTP，并且 LTP 的总体 MRR 高出 Task-Q 近 0.11。我们推测，造成 Task-Q 排序性能欠佳的原因是，Task-Q 使用的排序特征 Q-LevenDis、Q-JacrdDis、

Q-NumComm、Q-SemtcSim 的值均是基于一个搜索会话内的短期查询历史计算所得。根据前面分析可知，搜索会话通常仅包含 1～2 个查询词，因此这四个排序特征的值在大多数情况下均为 0，不能为重排序提供更多有用的信息，导致仅以短期搜索记录进行排序的 Task-Q 在准确率上不如利用长期搜索记录的 LTP。另外，Task-H、Task-TS、Task-ALL 在所有情况下的 MRR 相对于 LTP 均有大幅度的提升，分别约为 0.15、0.14、0.17，并且该提升在显著性水平 $\alpha_{\text{test}} = 0.01$ 上是统计显著的。这表明，相比其他排序特征，基于用户长期搜索历史的特征和与检索任务相关的特征在查询推荐排序上更具优势。

对比 Task-QAC 的四种排序模型的性能。显然，Task-ALL 的排序准确率最高。这表明，总体考虑所有层次的排序特征能达到最佳的推荐性能。此外，Task-H 在所有情况下的 MRR 均高于 Task-S，而它们的 MRR 又明显高于 Task-Q，这再一次印证了对于查询推荐排序而言，长期的搜索记录比短期的搜索记录更加有效。

2. 简单检索任务和复杂检索任务的查询词推荐

为了回答研究问题 RQ2，将测试集中的检索任务划分为包含 1～4 个查询词的简单检索任务集合，包含 5 个及以上查询词的复杂检索任务集合。同时，对比 LTP 和 Task-ALL 在这两个集合上的推荐结果对应的 SR@k(k = 1,2,3)得分，结果如图 7.4 所示。

总体而言，随着 k 值的增加，两个排序模型的评价指标值均呈现逐渐上升的趋势。这是由于当 $k = 1$ 时，目标查询词排在最靠前的位置才代表推荐成功。当 $k = 3$ 时，目标查询词排在前 3 名都表示推荐成功。因此，随着成功命中条件的不断放宽，查询词的推荐成功率会逐渐增加。其中，Task-ALL 对简单检索任务和复杂检索任务的查询词推荐成功率均远高于 LTP，表明 Task-ALL 中的排序特征能准确识别与当前检索任务有关的查询词，从而帮助用户完成不同复杂程度的检索

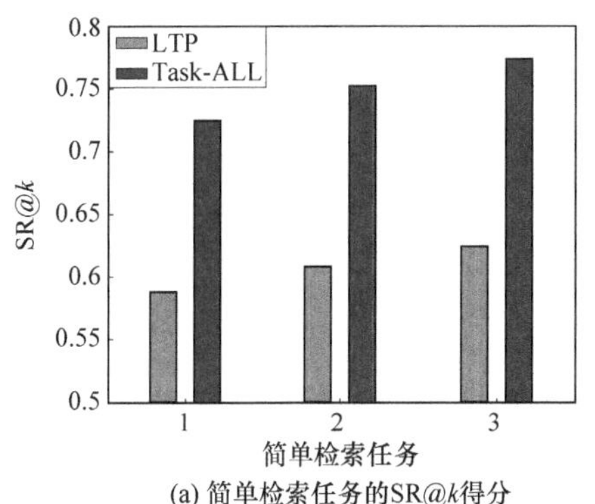

(a) 简单检索任务的SR@k得分

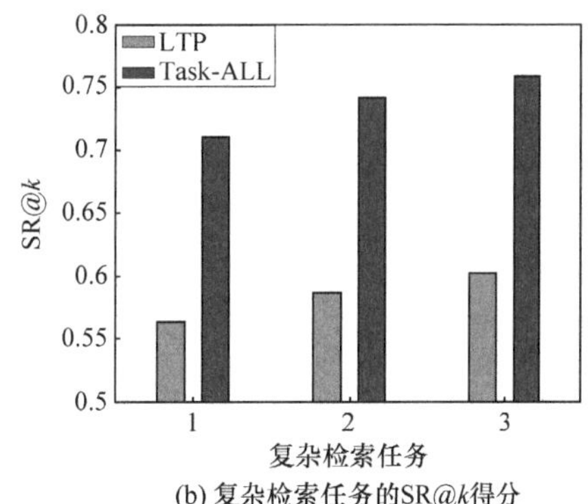

(b) 复杂检索任务的SR@k得分

图 7.4　LTP 和 Task-ALL 各自对简单检索任务和复杂检索任务的推荐性能

任务。此外，通过对比图 7.4(a)和图 7.4(b)，我们发现，两个排序模型在复杂检索任务集合上的 SR@k 均小于简单检索任务集合。这是由于，复杂检索任务通常包含多个方面，并且时间跨度较长，对其进行查询推荐的难度更大。相较于简单检索任务，LTR 在复杂检索任务中的 SR@k 平均减少约 0.024，而 Task-ALL 减少约 0.013。这说明，Task-ALL 对于不同复杂程度的任务都能给出比 LTR 更为准确的查询词推荐列表，具有较好的鲁棒性。

3. 排序特征的重要性分析

为了回答研究问题 RQ3，我们按照降序列出训练完毕后 Task-H、Task-TS、Task-Q、Task-ALL 的各个排序特征对应的权重值(表 7.4)。

表 7.4 Task-QAC 模型训练后所得的排序特征权重值

模型	特征	权重
Task-H	H-CandFreq	0.6762
	H-NumSess	0.1534
	H-NumQuer	0.1154
Task-TS	S-QuerGap	0.4268
	T-CandBegn	0.2792
	T-CandEnd	0.2408
	S-QuerBegn	0.0522
Task-Q	Q-NumChar	0.2623
	Q-LevenDis	0.2004
	Q-SemtcSim	0.1669
	Q-NumTerm	0.1427
	Q-JacrdDis	0.1298
	Q-NumComm	0.0978
Task-ALL	Q-LevenDis	0.1581
	H-CandFreq	0.1345
	Q-SemtcSim	0.1103
	Q-NumChar	0.1076
	H-NumQuer	0.0988
	S-QuerGap	0.0871
	H-NumSess	0.0863
	Q-NumTerm	0.0592
	T-CandBegn	0.0570
	T-CandEnd	0.0381
	Q-JacrdDis	0.0296
	Q-NumComm	0.0261
	S-QuerBegn	0.0072

首先，我们分析仅使用部分层次的特征进行学习排序的模型。对于 Task-H，我们发现 H-CandFreq 的权重值为 0.6762，权重值排名第二的 H-NumSess 仅为 0.1534，这反映出 H-CandFreq 主导了 Task-H 的整个排序过程，表明用户对某些查询词的兴趣偏好对识别同一个检索任务的查询词非常有效。对于 Task-TS，发现 S-QuerGap 的权重值最高，表明当前查询时刻与搜索会话开始时刻之间的间隔越长，用户正在执行检索任务的可能性就越高。此外，T-CandBegn 和 T-CandEnd 的权重约为 S-QuerBegn 的 4～5 倍，表明若查询词出现在用户以往的检索任务中，则它很有可能与当前的检索任务相关。对于 Task-Q，可以看出，各个排序特征的权重值的分布较为均等，其中 Q-NumChar 和 Q-LevenDis 的权重值最大，表明查询词之间的文本相似度越高，属于同一检索任务的概率越大。

将所有层次的排序特征综合考虑，发现对于 Task-ALL，Q-LevenDis 的权重值最高，这与已有的研究结果一致[11,15]，即相同检索任务的查询词在文本上更为接近。值得一提的是，仅以查询词层次的特征进行学习排序的模型(Task-Q)，其推荐准确率是 Task-QAC 中最低的，但是在 Task-ALL 权重值最大的三个特征中，有两个来自查询词层次，即 Q-LevenDis 和 Q-SemtcSim。

7.5　本章小结

本章针对目前查询推荐方法以搜索会话作为分析用户的信息需求的基本单元，导致无法处理复杂检索任务的问题，开展面向复杂检索任务的查询推荐方法的研究，具体完成了三项主要工作。一是，对搜索会话和检索任务进行形式化定义，给出用户搜索历史的层次结构，并提出检索任务的识别方法。二是，从搜索历史、检索任务、搜索会话、查询词四个层次提出若干排序特征，从而识别与检索任务相关的查询词。三是，利用机器学习方法预测候选查询词与当前检索任务的相关度，对初始排序列表进行重新排序。通过在一个公开的数据集上进行一系列实验，我们证明了本书提出的排序特征能有效识别与检索任务相关的查询词，并将它们排在靠前位置，为用户完成复杂的检索任务提供有效支持。

参考文献

[1] Shokouhi M. Learning to personalize query auto-completion//Proceedings of the 36th International ACM SIGIR Conference on Research and Development in Information Retrieval, 2013: 103-112.

[2] Bar-Yossef Z, Kraus N. Context-sensitive query auto-completion//Proceedings of the 20th International World Wide Web Conference, 2011: 107-116.

[3] Jiang J Y, Ke Y Y, Chien P Y, et al. Learning user reformulation behavior for query auto-completion//Proceedings of the 37th International ACM SIGIR Conference on Research and

Development in Information Retrieval, 2014: 445-454.

[4] Jiang J Y, Cheng P J. Classifying user search intents for query auto-completion//Proceedings of the 2016 ACM International Conference on the Theory of Information Retrieval, 2016: 49-58.

[5] Wang H, Song Y, Chang M W, et al. Learning to extract cross-session search tasks//Proceedings of the 22nd International Conference on World Wide Web, 2013: 1353-1364.

[6] Donato D, Bonchi F, Chi T, et al. Do you want to take notes: identifying research missions in Yahoo! search pad//Proceedings of the 19th International Conference on World Wide Web, 2010: 321-330.

[7] Zhang A, Goyal A, Kong W, et al. AdaQAC: adaptive query auto-completion via implicit negative feedback//Proceedings of the 38th International ACM SIGIR Conference on Research and Development in Information Retrieval, 2015: 143-152.

[8] Cai F, de Rijke M. Learning from homologous queries and semantically related terms for query auto completion. Information Processing and Management: An International Journal, 2016, 52(4): 628-643.

[9] Burges C J, Svore K M, Bennett P N, et al. Learning to rank using an ensemble of lambda-gradient models. Journal of Machine Learning Research, 2011, 14: 25-35.

[10] Jiang J Y, Cheng P J. Classifying user search intents for query auto-completion//Proceedings of the 2016 ACM International Conference on the Theory of Information Retrieval, 2016: 49-58.

[11] Kotov A, Bennett P N, White R W, et al. Modeling and analysis of crosssession search tasks// Proceedings of the 34th International ACM SIGIR Conference on Research and Development in Information Retrieval, 2011: 5-14.

[12] Raman K, Bennett P N, Collins T K. Toward whole-session relevance: exploring intrinsic diversity in web search//Proceedings of the 36th International ACM SIGIR Conference on Research and Development in Information Retrieval, 2013: 463-472.

[13] Jones R, Klinkner K L. Beyond the session timeout: automatic hierarchical segmentation of search topics in query logs//Proceedings of the 17th ACM Conference on Information and Knowledge Management, 2008: 699-708.

[14] Chang M W, Srikumar V, Goldwasser D, et al. Structured output learning with indirect supervision//Proceedings of the 27th International Conference on International Conference on Machine Learning, 2010: 199-206.

[15] He J, Bron M, de Vries A P. Characterizing stages of a multi-session complex search task through direct and indirect query modifications//Proceedings of the 36th International ACM SIGIR Conference on Research and Development in Information Retrieval, 2013: 897-900.

[16] Jiang J, Ni C. What affects word changes in query reformulation during a task-based search session//Proceedings of the 2016 ACM on Conference on Human Information Interaction and Retrieval, 2016: 111-120.

[17] Mikolov T, Sutskever I, Chen K, et al. Distributed representations of words and phrases and their compositionality//Proceedings of the 27th International Conference on Neural Information Processing Systems, 2013: 3111-3119.

[18] White R W, Chu W, Hassan A, et al. Enhancing personalized search by mining and modeling task behavior//Proceedings of the 22nd International Conference on World Wide Web, 2013: 1411-1420.

[19] Guan D, Zhang S, Yang H. Utilizing query change for session search//Proceedings of the 36th International ACM SIGIR Conference on Research and Development in Information Retrieval, 2013: 453-462.

[20] Levenshtein V. Binary codes capable of correcting deletions, insertions and reversals. Soviet Physics Doklady, 1965, 163: 845-848.

[21] Kosub S. A note on the triangle inequality for the Jaccard distance. https://www.sciencedirect.com/science/article/abs/pii/S0167865518309188[2022-06-05].

[22] Lucchese C, Orlando S, Perego R, et al. Identifying task-based sessions in search engine query logs//Proceedings of the 4th ACM International Conference on Web Search and Data Mining, 2011: 277-286.

[23] Pass G, Chowdhury A, Torgeson C. A picture of search//Proceedings of the 1st International Conference on Scalable Information Systems, 2006: 1-7.

第 8 章　基于神经网络的个性化查询推荐方法

8.1　问 题 描 述

在各个神经网络中，RNN 的链式结构与序列建模密切相关，适合分析和预测时间序列[1-4]。因此，推荐系统常采用 RNN 来挖掘用户与物品之间的关联关系[5,6]。RNN 结构在推荐系统中的应用示例如图 8.1 所示。

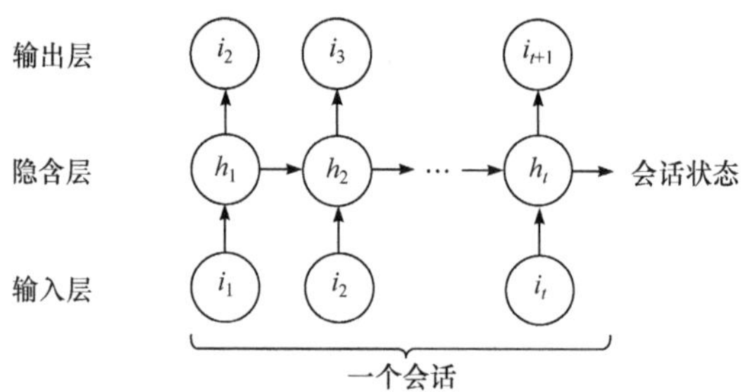

图 8.1　RNN 结构在推荐系统中的应用示例

其中，输入层 $\{i_1,i_2,\cdots,i_t\}$ 是用户在一个会话内依次点击购买的物品 ID，输出层 $\{i_2,i_3,\cdots,i_{t+1}\}$ 是下一个时刻用户购买的物品 ID，位于输入层和输出层之间的隐含层由若干个隐含单元 $\{h_1,h_2,\cdots,h_t\}$ 组成。它们是 RNN 的记忆单元，并且 t 时刻隐含单元的状态 h_t 可由输入 i_t 与上一个隐含单元的状态 h_{t-1} 进行计算。由图 8.1 可知，推荐系统将用户在一个搜索会话内购买的物品视为一个时间序列，并通过 RNN 对该序列进行建模。类似的，在查询推荐中可以将用户在一个搜索会话内提交的查询词视为一个时间序列，借助 RNN 便可以预测下一时刻用户点击候选查询词的概率。相比基于机器学习的排序模型，基于神经网络的排序模型不仅能自主学习影响排序的特征，还能模拟用户和查询词之间的复杂非线性关系。因此，本章利用 RNN 解决查询词的排序与推荐问题。

基于神经网络的查询推荐方法框架如图 8.2 所示。

(1) 已知查询词属性、用户 u 的搜索记录、兴趣偏好等信息，对其进行编码。

(2) 选择合适的神经网络，将编码信息输入网络，通过训练得到查询推荐排序模型。

(3) 当用户 u 输入前缀 p 时，利用排序模型预测补全查询词集合 $C(p)$ 中各个查询词是用户目标查询词的概率，生成对应的查询推荐列表。

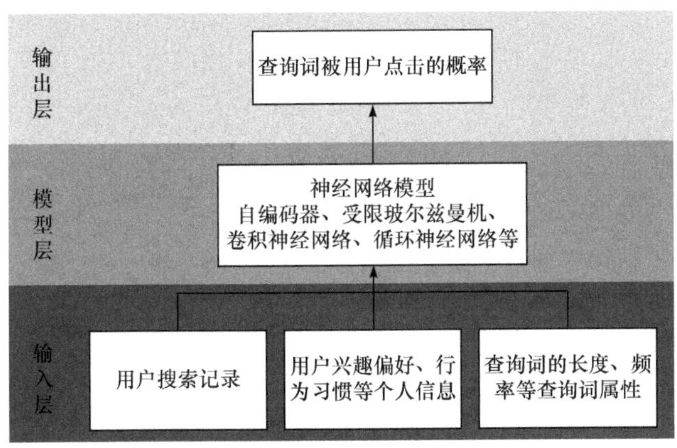

图 8.2　基于神经网络的查询推荐方法框架

8.2　相关研究工作

本节简要回顾与本章研究内容紧密相关的两方面研究工作，一是神经网络在查询推荐中的应用，二是基于 RNN 的查询推荐方法。

8.2.1　基于神经网络的查询推荐方法

目前神经网络在查询推荐中的应用才刚刚起步，相关的研究较少。Zhang 等[7]首次在查询推荐中应用神经网络。他们将查询词的前 1～2 个词项作为前缀，最后一个词项作为后缀，将前缀和后缀分别作为神经网络结构的输入，通过卷积运算得到相应的向量表示。然后计算前缀和后缀对应向量的余弦相似度，将该相似度作为排序特征之一，用 Lambda-MART 方法训练排序模型，得到关于后缀的排序列表。在此基础上，Mitra[8]进一步利用神经网络分析查询词之间的关联关系，得到查询词 q_i 和 q_j 的向量表示，并定义为 q_i 和 q_j 的关联关系向量差。根据这一思路，他计算了用户提交的前一个查询词与 $C(p)$ 中每个候选查询词之间的向量差，并将该向量在每一维上的值作为一个排序特征，然后用 Lambda-MART 训练排序模型。

文献[7]和[8]虽然借助神经网络得到查询词之间的关联关系，从中提取相应的排序特征，但是排序的主体仍然是机器学习方法，直到近几年才出现完全依赖神经网络训练排序模型的研究。Park 等[9]提出一个基于 RNN 的语言模型生成新的补全查询词。对于一个查询词 q，他们将该查询词的每一个字符依次作为 RNN 的输入，并预测用户下一个可能输入的字符，即

$$P(\mathrm{str}_{j+1}=l\mid p)=\frac{\exp(h_j\cdot\omega_l+b_l)}{\sum_{l'\in V_c}\exp(h_j\cdot\omega_{l'}+b_{l'})} \tag{8.1}$$

其中，p 为查询词 q 的前 j 个字符；str_{j+1} 为 q 的下一个字符；h_j 为 RNN 隐含层的状态向量；ω_l 为加权向量；b_l 为偏差向量。

对于训练集中的每一个查询词，通过使累计的损失函数 L 达到最优实现对模型调参，即

$$L=\sum_{q\in Q_{\text{test}}}\sum_{j=1}^{|q|-1}\ln P(\mathrm{str}_{j+1}\mid p) \tag{8.2}$$

其中，$|q|$为查询词 q 的字符总数。

由此，可以不依赖搜索日志中的历史查询词，根据已输入的前缀生成搜索日志中从未出现过的新的补全查询词。Fiorini 等[10]在文献[9]排序模型的基础上加入用户信息和时间信息。将所有用户表示为一个矩阵 U_{matrix}，并根据训练集中的查询词训练得到最佳的 U_{matrix}，即

$$U_{\text{matrix}}\leftarrow\max\frac{1}{|U_{\text{matrix}}|}\sum_{u\in U_{\text{train}}}\sum_{q\in Q_{\text{train}}}\ln P(u\mid q) \tag{8.3}$$

其中，U_{train} 为训练集中所有用户的集合。

此外，还将查询词的提交时间“x 时 y 分 z 秒”用式(8.4)进行编码，即

$$\sin\left(\frac{2\pi(3600x+60y+z)}{86400}\right),\quad \cos\left(\frac{2\pi(3600x+60y+z)}{86400}\right) \tag{8.4}$$

最后，将式(8.3)的用户信息、式(8.1)的查询词信息、式(8.4)的时间信息作为 RNN 的输入，并通过使式(8.2)的损失函数达到最优来调整模型参数，从而在生成新的补全查询词的同时完成排序。

上述研究均证实了神经网络在查询推荐中的应用可行性。然而，此方法在训练排序模型时均将用户的搜索历史作为一个整体，而没有考虑用户在不同时期信息需求的变化情况，也没有对用户搜索行为中的噪声进行过滤。本章利用神经网络解决用户在一个搜索会话内和跨搜索会话的查询推荐问题，首次采用注意力机制识别不属于用户关注重点的查询词，从而准确理解用户的行为信息，提高推荐的准确率。

8.2.2　基于 RNN 的物品推荐方法

RNN 的全连接结构使它的隐含层能对前面输入的信息进行记忆并应用于当前输出的计算中，因此 RNN 适用于对不同长度的顺序序列进行建模。对于推荐系统，由于用户在一个会话内的购买行为能表示为一列点击序列，因此推荐系统

率先将 RNN 应用于物品推荐问题。Hidasi 等[11]在推荐系统中采用 RNN 对用户在一个会话内的点击行为进行建模。在训练中，首先用独热编码(one-hot encoding)规则对所有物品进行编码，然后以并行的方式读取会话中的点击数据构成的小批量样本集，并通过使损失函数值达到最优对模型参数进行调整。训练所得的 RNN 模型被用来预测用户购买的下一个购买的物品。Tan 等[6]在文献[11]的基础上新增了两个技术来改善模型的推荐性能，首先在输入层中采用嵌入丢弃技术(embedding dropout)[12]防止训练中出现过拟合，然后在模型的输出层直接预测下一个点击物品的嵌入向量而非独热编码的向量，从而减少计算量，加速训练过程。考虑物品信息还包括图像、文本描述等，Hidasi 等[13]提出并行的 RNN 结构融合这些信息，改善物品推荐结果。由于基于 RNN 的推荐模型均没有考虑用户的兴趣偏好，Quadrana 等[14]提出一个双层的 RNN 结构。该结构既能对用户在一个搜索会话内的点击行为进行建模，又能记录用户在整个搜索历史中的兴趣偏好的变化情况。与此同时，Li 等[15]提出一个加入注意力机制的混合编码器识别用户在一个会话中重点关注的物品。

虽然 RNN 已成功应用于分析推荐系统中的用户购买行为，并显著提升物品推荐的准确性，但是目前仍没有相关研究采用 RNN 分析用户在输入查询词过程中的顺序行为。本章提出三个基于 RNN 的查询词排序模型来填补这一研究空白。

8.3　基于神经网络的个性化查询推荐模型

本节首先将查询推荐过程的用户行为抽象化为一个时间序列，然后依次介绍三个基于 RNN 的排序模型。

8.3.1　基础排序模型构建

在查询推荐情景下，一个用户的搜索历史 Q_u 可以划分为若干搜索会话 $Q_u=\{S_1,S_2,\cdots,S_{Nu}\}$。一个搜索会话可以表示为一段时间内连续提交的查询词 $S_t=\{q_{t,1},q_{t,2},\cdots,q_{t,N_t}\}$。每个查询词 $q_{t,i}$ 又可以分解为一系列长度逐个增加的前缀 $p_{q_{t,i}}=\{p(q_{t,i})_1,p(q_{t,i})_2,\cdots,q_{t,i}\}$，如 $p_{\text{completion}}=\{\text{c},\text{co},\text{com},\text{comp},\cdots,\text{completion}\}$。因此，在一个搜索会话中，用户与信息系统的互动行为可以视为查询词前缀构成的字符串序列 $\{\text{str}_1,\text{str}_2,\cdots,\text{str}_{M_t}\}$。我们利用 RNN 结构对该字符串序列进行建模，得到最基础的基于 RNN 的查询推荐排序模型 BRNN，如图 8.3 所示。

可以看到，BRNN 模型对一个搜索会话 S_t 内的用户搜索历史进行建模，因此是搜索会话层面的 RNN 结构。它由输入层、隐含层、输出层共三层结构组成。

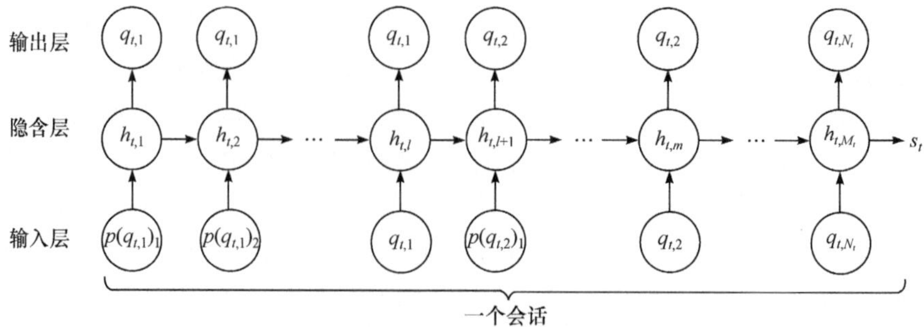

图 8.3　BRNN 网络结构图

其中，输入层中的每一个单元为用户在搜索框中逐个输入的字符串 str_m 。输出层中的对应单元为 str_m 的各个补全查询词的排序得分 $\hat{r}_{t,m}$。每一个输入单元和相应的输出单元由一个隐含单元进行连接，负责从用户的顺序行为中自动学习排序特征。在将字符串序列逐一输入至 BRNN 模型之前，我们还需采用独热编码规则，将所有查询词及其前缀进行编码。此外，采用单层的门控循环单元[16](gated recurrent units，GRU)作为 BRNN 隐含层的基本单元，即

$$h_{t,m} = \mathrm{GRU}_{\mathrm{ses}}(\mathrm{str}_m, h_{t,m-1}) \tag{8.5}$$

其中，$\mathrm{GRU}_{\mathrm{ses}}$ 为会话层面的 GRU 单元；$h_{t,m}$ 为搜索会话 S_t 中的字符串 str_m 所对应的隐含单元的状态；str_m 为字符串的独热编码。

由于 BRNN 仅能对一个搜索会话内的用户行为进行建模，因此会话开始时刻隐含单元状态向量为空。

GRU 的内部结构如图 8.4 所示，其中 h 和 $\hat{h}$ 表示当前隐含单元状态的实际值和估计值，z 表示更新门，r 表示重置门。z 决定将前一时刻的隐含单元状态传递到下一个时刻。r 控制在计算当前隐含单元状态时，对前一个隐含单元状态信息的遗忘程度。因此，BRNN 中当前隐含单元的状态 $h_{t,m}$ 可由此刻隐含单元状态估计值 $\hat{h}_{t,m}$，以及前一个隐含单元的状态 $h_{t,m-1}$ 线性表示，即

$$h_{t,m} = (1 - z_{t,m})h_{t,m-1} + z_{t,m}\hat{h}_{t,m} \tag{8.6}$$

其中更新门 $z_{t,m}$ 可表示为

$$z_{t,m} = \sigma(I_z \mathrm{str}_m + H_z h_{t,m-1}) \tag{8.7}$$

当前隐含单元状态估计值 $\hat{h}_{t,m}$ 的计算表达式为

$$\hat{h}_{t,m} = \tanh(I\mathrm{str}_m + H(r_{t,m} \odot h_{t,m-1})) \tag{8.8}$$

其中，重置门 $r_{t,m}$ 为

$$r_{t,m} = \sigma(I_r \mathrm{str}_m + H_r h_{t,m-1}) \tag{8.9}$$

σ 为激活函数，如 Sigmoid 函数；$\odot$ 表示两个向量的对应元素相乘；I_z、I、$I_r \in \mathrm{R}^{d_h \times V_{\mathrm{str}}}$ 和 H_z、H、$H_r \in \mathrm{R}^{d_h \times d_h}$ 表示权重矩阵，需要通过训练不断进行调整，d_h 表示 $h_{t,m}$ 的维度，V_{str} 表示训练集中不同前缀和查询词的总数。

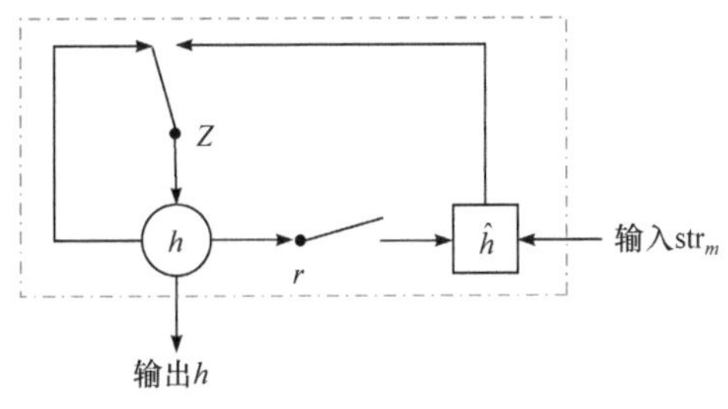

图 8.4　GRU 内部结构图

在图 8.3 中，用 s_t 表示搜索会话最后一个隐含单元的状态，即 $h_{t,M_t} = S_t$。在得到隐含层各个隐含单元的状态 $h_{t,m}$ 后，与输入前缀 str_m 匹配的补全查询词的排序得分 $\hat{r}_{t,m}$ 可通过式(8.10)计算，即

$$\hat{r}_{t,m} = g(h_{t,m}) \tag{8.10}$$

其中，$g(\cdot)$ 为激活函数，如 softmax 或 tanh。

在 BRNN 模型的训练过程中，以 Top1 函数[11]作为损失函数对模型进行调参，即

$$L_S = \frac{1}{N_S} \cdot \sum_{j=1}^{N_S} \sigma(\hat{r}_{t,j} - \hat{r}_{t,i}) + \sigma(\hat{r}_{t,j}^2) \tag{8.11}$$

其中，N_S 为 $C(p)$ 中候选查询词的个数；$\hat{r}_{t,j}$ 和 $\hat{r}_{t,i}$ 为与 str_m 对应的非目标查询词和目标查询词的预测的排序得分。

8.3.2　个性化排序模型构建

由于用户在各个搜索会话中的搜索记录反映用户的兴趣偏好和行为习惯，而 S_t 综合了一整个搜索会话的用户行为特征信息，因此需要将它传递到下一个搜索会话分析用户的后续行为。因此，在 BRNN 单层结构的基础上，新增了一层 RNN 结构来刻画用户的兴趣关注的变化情况，得到个性化的查询词排序模型 PRNN。PRNN 网络结构图如图 8.5 所示。

由于行文空间限制，在图 8.5 中省略各个查询词前缀的图形表示。可以看到，PRNN 包含两层 RNN 结构，即会话层和用户层。会话层负责分析用户在一个搜索会话内的行为并计算各个补全查询词的排序得分，用户层负责描述用户 u 的整个搜索历史。一方面，会话层中搜索会话 S_t 的最后一个隐含单元的用户的整个

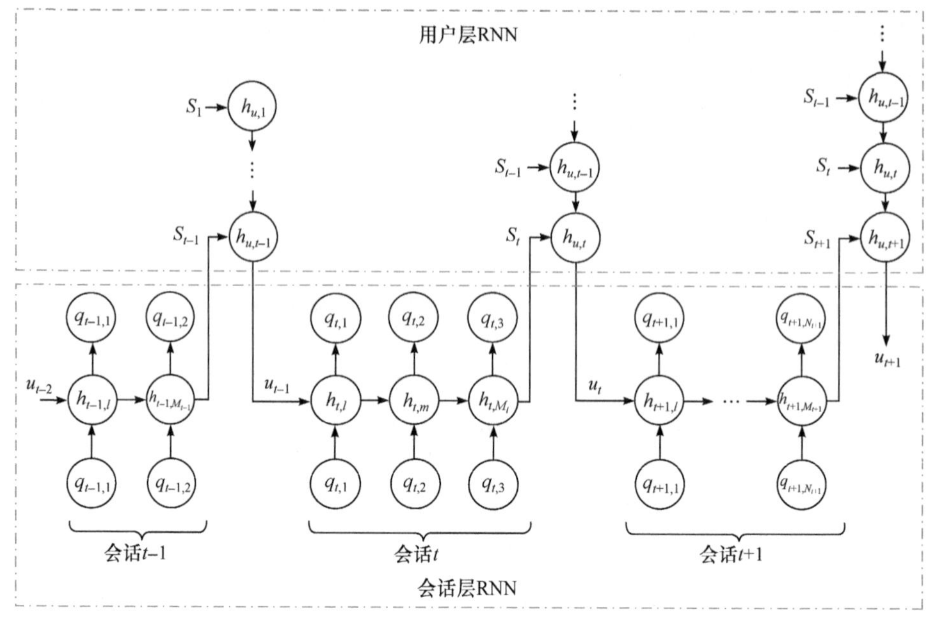

图 8.5　PRNN 网络结构图

搜索历史。另一方面，会话层中搜索会话 S_t 的最后一个隐含单元的状态 s_t，将作为用户层的输入以更新用户层中隐含单元的状态 $h_{u,t}$，即

$$h_{u,t} = \mathrm{GRU}_{\mathrm{usr}}(s_t, h_{u,t-1}) \tag{8.12}$$

其中，$\mathrm{GRU}_{\mathrm{usr}}$ 表示用户层的 GRU 单元；$h_{u,t-1}$ 表示用户层中前一个隐含单元的状态。

另外，更新后的用户层隐含单元 $h_{u,t}$ 将用于下一搜索会话 S_{t+1} 隐含层的初始化，即

$$h_{t+1,0} = \tanh(W_{\mathrm{int}} u_t + b_{\mathrm{int}}) \tag{8.13}$$

其中，$u_t = h_{u,t}$；$W_{\mathrm{int}} \in \mathrm{R}^{d_h \times d_h}$ 和 $b_{\mathrm{int}} \in \mathrm{R}^{d_h \times 1}$ 表示加权矩阵和偏差向量。

通过这种方式，表征用户兴趣偏好的 u_t 就能无缝传递到会话层的 RNN 结构中。这样两层 RNN 结构就可以有序地交织在一起，一同用于预测用户的目标查询词。

由于加入用户层，PRNN 既能分析用户短期的搜索历史，又能跟踪用户长期的搜索历史中的兴趣变化，弥补 BRNN 不能进行个性化排序推荐的不足，从而充分利用用户的搜索记录，使查询推荐的整个过程具有连贯性。

8.3.3　基于注意力机制的个性化排序模型构建

虽然 PRNN 能够对复杂的用户行为进行全方位的建模，但是由于它不加区别

地对待用户提交的所有查询词，因此不能抓住用户的主要查询意图。根据第 5 章的内容，已知用户的搜索会话在大多数情况下仅包含 1～2 个查询词，此时若用户被某些不相关的信息分散注意力，就可能提交一些偏离主要查询意图的查询词，或者不小心提交错误的查询词。由于 PRNN 无法滤除这些干扰词，很有可能导致其推荐性能变差。为了解决这一问题，本章在 PRNN 的基础上，加入注意力机制，进一步提出个性化排序模型 A-PRNN。A-PRNN 网络结构图如图 8.6 所示。

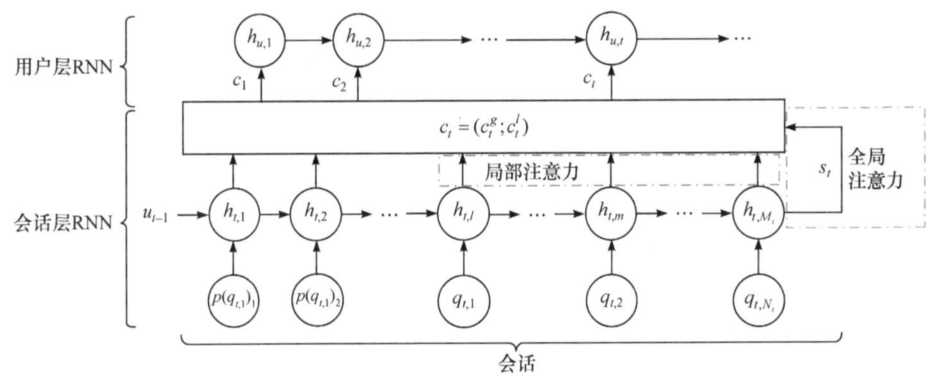

图 8.6　A-PRNN 网络结构图

由于行文空间限制，在图 8.6 中仅以一个搜索会话 S_t 展示 A-PRNN 排序模型采用的注意力机制。注意力机制本质上是一个加权策略，它对会话层 RNN 中各个隐含单元的状态进行加权，然后将加权后的值用于更新用户层 RNN 的隐含单元状态 $h_{u,t}$。具体来说，A-PRNN 采用的注意力机制 c_t 结合了两个互为补充的注意力 c_{t-g} 和 c_{t-l}，即

$$c_t = w_{\text{att}} \odot c_{t-g} \odot c_{t-l} \tag{8.14}$$

其中，c_{t-g} 为全局注意力，综合理解用户在整个搜索会话中的兴趣关注；c_{t-l} 为局部注意力，决定各个查询词在一个搜索会话中的重要程度；$w_{\text{att}} \in \mathrm{R}^{d_h \times 1}$ 为权重向量。

将每个搜索会话的最后一个隐含单元状态 s_t 作为全局注意力，即

$$c_{t-g} = s_t \tag{8.15}$$

对于局部注意力，由于会话层 RNN 的输入包含长度逐一增加的前缀，以及用户最终点击的目标查询词，只有目标查询词才代表用户的查询意图，因此我们在计算局部注意力时，忽略各个前缀对应的隐含单元状态，仅考虑目标查询词对应的隐含单元状态，即

$$c_{t-l} = \sum_{i=1}^{N_t} \alpha_{t,i} h_{t,i} \tag{8.16}$$

其中，$\alpha_{t,i}$ 为归一化后的加权因子，表示各个查询词与用户主要查询意图的关联

程度；N_t 为搜索会话 S_t 的查询词总数。

由于搜索会话 S_t 是由用户层 RNN 中的隐含单元状态 u_{t-1} 进行初始化的，并且 $\alpha_{t,i}$ 可视为完整查询词对应的隐含单元状态 $h_{t,i}$ 和搜索会话最后的隐含单元状态 s_t 之间的相似度，因此定义

$$\alpha_{t,i} = w_\alpha^{\mathrm{T}} \sigma(H_u u_{t-1} + H_i h_{t,i} + H_t s_t) \tag{8.17}$$

其中，w_α 表示权重向量；H_u、H_i、H_t 表示权重矩阵。

式(8.17)中的参数可以和 A-PRNN 的其他参数一起通过训练得到最优值。

随着注意力机制的加入，A-PRNN 既能通过全局注意力来分析和总结用户在整个搜索过程中的顺序行为，又能通过局部注意力抓住用户的关注重心，减弱用户行为中的噪声给排序带来的不良影响，更客观全面地理解用户的查询意图，有的放矢地为用户提供个性化的查询推荐列表。算法 8.1 所示为基于神经网络的个性化查询推荐排序模型的主要实现步骤。

算法 8.1 基于神经网络的个性化查询推荐排序模型

输入：信息系统的搜索日志 Q，并划分为训练集 Q_{train} 和测试集 Q_{test}；
　　用户 u 的搜索历史 Q_u 以及在时刻 t 输入的字符串 p；
　　以 p 为前缀的补全查询词集合 $C(p)$；
　　划分搜索会话的时间阈值 τ_{time}；
　　排序列表的长度 K_{list}

输出：用户 u 在时刻 t 输入的字符串 p 所对应的查询推荐列表

for $q \in Q$ **do**
　　根据独热编码规则编码 q 及其前缀；
end for
for $u \in Q$ **do**
　　根据 τ_{time} 将 Q_u 划分为若干会话；
end for
从 BRNN、PRNN、A-PRNN 选择排序模型 ranking_model；
for $u \in Q_{\text{train}}$ **do**
　　For S_i of u **do**
　　　　在 ranking_model 中输入 S_i 的查询和前缀；
　　　　计算损失函数并调参；
　　end for
end for

将 p 输入 ranking_model，输出 $C(p)$ 中各完成项的预测排名得分；
return 补全查询集合 $C(p)$ 的前 K_{list}

8.4　实验与结果分析

本节首先介绍实验针对的研究问题、采用的数据集、评价指标、基准排序模型和模型的参数设置，然后对实验结果进行对比和分析。

8.4.1　实验设计

本章的实验部分主要围绕以下研究问题展开。

RQ1：BRNN、PRNN 和 A-PRNN 的排序准确性是否优于基准排序模型?

RQ2：用户层 RNN 结构和注意力机制会为排序模型带来怎样的影响?

RQ3：搜索会话的长度对各个排序模型的性能有何影响?

8.4.2　实验设置

1. 数据集

本章在公开的 AOL 数据集[17]上开展相关实验。首先，将数据集中所有用户的搜索历史以 30min 静止时间为界限划分为若干搜索会话。然后，移除包含 URL 字符串、包含特殊字符，以及查询频率少于 10 次的查询词。由于神经网络需要充足的数据量确保模型训练的有效性，因此保留的用户至少拥有 3 个搜索会话，并且每个搜索会话不少于 3 个查询词。最后，将用户在前两个月提交的查询词作为训练集，最后一个月提交的查询词作为测试集，并将训练集中 10%的查询词作为验证集。预处理后 AOL 数据集的基本统计信息如表 8.1 所示。

表 8.1　预处理后 AOL 数据集的基本统计信息

数据类型	训练集	测试集
查询词总数	80831	39891
去冗余后的查询词总数	19040	11998
用户总数	5030	3795
搜索会话总数	21133	10316
查询词总数/搜索会话总数	3.82	3.87
搜索会话总数/用户总数	4.20	2.72

2. 评价指标和对比模型

采用 MRR 和 SR@k 作为评价排序模型性能的量化指标。此外，在对评价指标值进行两两对比时，采用 t 检验显著性水平测试判断模型性能的提升或下降是否在统计上是显著的。

为验证本章提出的排序模型的性能，实验将 BRNN、PRNN、A-PRNN 与下列排序模型进行对比。

(1) 基于 LTP[18]，利用监督学习方法 Lambda-MART 和一系列排序特征对 MPC 模型生成的查询词排序列表进行重新排序。

(2) 基于神经语言模型的查询自动推荐(neural query auto-completion，N-QAC)模型[10]，将单层 RNN 与语言模型相结合，除查询词以外，它在模型的输入层中还加入了用户矩阵信息和查询词的提交时间，并利用语言模型生成新的补全查询供用户选择。

3. 模型参数设置

以维度为 100 的隐含单元组成的单层 GRU 结构作为 BRNN、PRNN、A-PRNN 的隐含层，并对所有隐含单元的状态在实验中均采用丢弃正则化技术[12]。参照 Hidasi 等[11]的研究，将实验数据分割为小批量的样本集，采用并行读取的方式来加速训练过程。在模型训练过程中，设置迭代次数为 20，利用自适应学习率方法(AdaGrad)[19]计算损失函数 Top1。此外，采用动量技术加快收敛。训练完毕后，在验证集上随机选择 100 组数据对训练所得的参数进行优化调整。基于 RNN 的查询词排序模型的最佳参数取值如表 8.2 所示。对于基准排序模型 LTR 和 N-QAC，分别采用与文献[10]和[17]相同的参数值。对于训练集和测试集中的每个查询词，给出所有前缀对应的前 10 个补全查询词。

表 8.2　基于 RNN 的查询词排序模型的最佳参数取值

模型	小批量样本集大小	丢弃率	学习率	动量
BRNN	50	0.2	0.1	0.1
PRNN	50	0.1	0.1	0.0
A-PRNN	50	0.1	0.1	0.0

8.4.3 实验结果分析

本节进行三组不同的实验，分别回答本章的研究问题。首先，列出本章提出的三个排序模型与两个基准模型的评价指标值，以比较各个排序模型的性能。其次，通过绘制 BRNN、PRNN、A-PRNN 隐含层的状态值，探究加入用户层 RNN 结构和注意力机制对排序模型带来的影响。最后，计算各个排序模型在不同长度搜索会话下的 MRR，分析 t 时刻搜索会话的长度对排序准确率的影响。

1. 各个排序模型的总体性能评估

为了回答研究问题 RQ1，计算各个排序模型推荐结果对应的总体 MRR 和 SR@k(k = 1, 2, 3)的值，结果如表 8.3 所示。其中，基准模型和所有模型的最佳指标值分别用下划线和加粗进行表示，BRNN、PRNN、A-PRNN 与最佳基准模型 N-QAC 的显著性测试结果使用▲/▼标记在相应指标值的右上角。

表 8.3　不同排序模型的总体 MRR 和 SR@*k*

模型	MRR	SR@1	SR@2	SR@3
LTR	0.5845	0.5362	0.5966	0.6104
N-QAC	<u>0.6975</u>	<u>0.6619</u>	<u>0.7126</u>	<u>0.7271</u>
BRNN	0.5601▼	0.5384▼	0.5642▼	0.5739▼
PRNN	0.7791▲	0.7331▲	0.7910▲	0.8135▲
A-PRNN	**0.8100**▲	**0.7613**▲	**0.8323**▲	**0.8581**▲

对于两个基准排序模型，N-QAC 的各个评价指标值均明显优于 LTR，其中 MRR 的提升幅度近 0.113、SR@1 提升幅度达到 0.126。这说明，对于所有前缀，N-QAC 比 LTR 更能准确地识别用户的目标查询词，并将其排在靠前位置，反映基于神经网络的个性化排序模型相对于基于机器学习的排序模型具有巨大优势。

对于本章提出的三个基于 RNN 的排序模型，发现 BRNN 的排序准确率是所有排序模型中最低的。它的 MRR 比 LTR 低 0.0244，SR@3 低 0.0365。可以看出，BRNN 在建模中没有考虑用户的个人信息，而且它将搜索会话当成一个独立的个体，无法获得用户在整个搜索过程中的兴趣偏好。这些因素导致 BRNN 无法根据搜索会话中的查询词训练有效的排序模型，也无法向用户提供个性化的查询词推荐列表，因此难以满足用户的信息需求。另外，PRNN 和 A-PRNN 的评价指标值均高于最佳基准模型 N-QAC，并且在显著性水平 $\alpha_t = 0.01$ 上均是统计显著的。具体来说，PRNN 的总体 MRR 比 N-QAC 高出 0.0816，且随着 k 值的增大，SR@k 的差值也逐渐增加，当 $k = 3$ 时差值达到 0.0864。与此同时，A-PRNN 的 MRR 和 SR@3 分别超出 N-QAC 近 0.113 和 0.131。这意味着，在同样采用 RNN 作为基础网络结构、同样对用户兴趣偏好进行建模的情况下，PRNN 和 A-PRNN 的推荐准确率明显优于 N-QAC。由此可见，双层 RNN 结构和注意力机制能更有效地对复杂的用户行为进行建模，从而更准确地理解用户的查询意图，推荐更有针对性的查询词。

此外，A-PRNN 的评价指标值均优于 PRNN，前者的 MRR 和 SR@3 的值较后者分别提升约 0.031 和 0.045。这证明，在用户兴趣建模过程中，注意力机制的确能通过减少干扰词的权重突出用户的重点关注内容，进一步提升排序结果的准确性。

2. 用户层 RNN 结构和注意力机制对排序模型的影响

为了回答研究问题 RQ2，首先随机选取一个搜索会话，并比较它在 BRNN 和 PRNN 会话层中的所有隐含单元状态值，探究用户层 RNN 结构对排序模型的影响。其次，随机选取一个用户，比较该用户在 PRNN 和 A-PRNN 用户层中的所有隐含单元状态值，探究注意力机制对排序模型的影响。相应的结果如图 8.7 所示。

由于本章将提出的三个模型的隐含单元都设为 100 维，因此 4 幅图中的纵坐

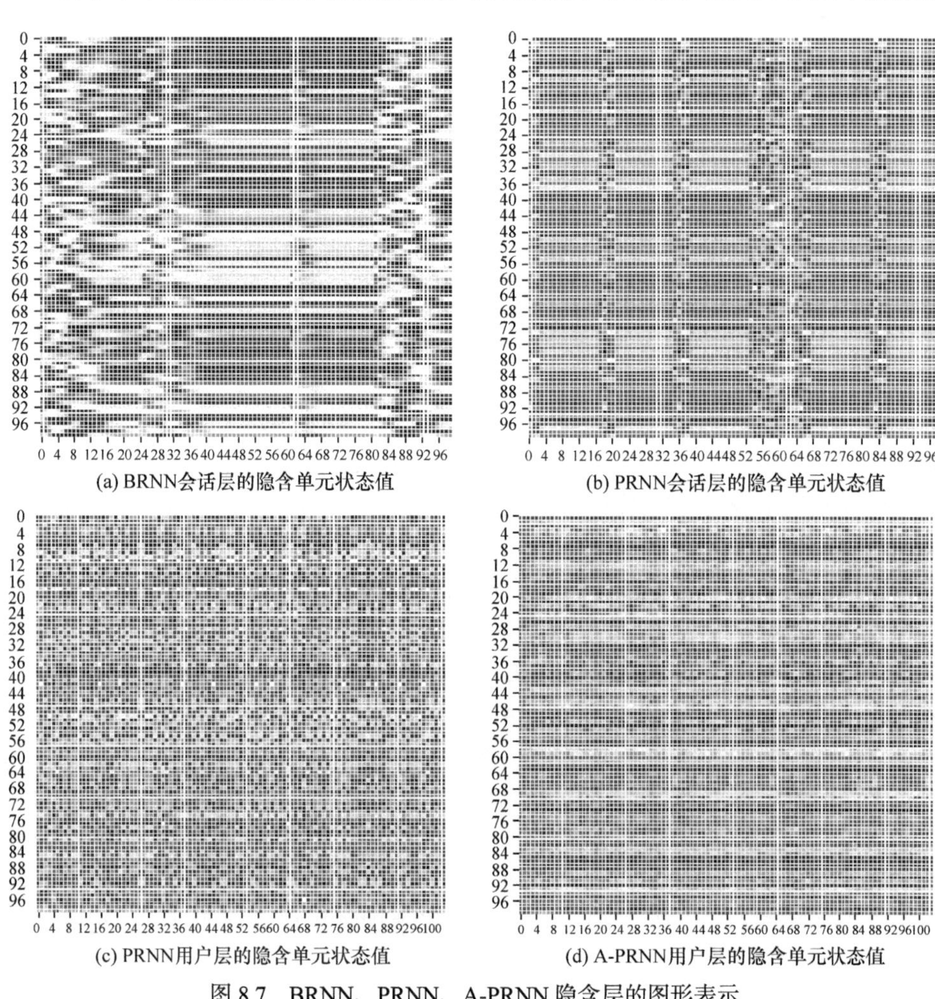

(a) BRNN会话层的隐含单元状态值

(b) PRNN会话层的隐含单元状态值

(c) PRNN用户层的隐含单元状态值

(d) A-PRNN用户层的隐含单元状态值

图 8.7 BRNN、PRNN、A-PRNN 隐含层的图形表示

标范围为[0,100]。它代表各个隐含单元在每一维上的取值。此外，隐含单元的每个维度都表示一个影响排序的因子。图中方格的颜色越深表示它所对应的排序因子的值越大，该因子对于排序越为重要。图 8.7(a)和图 8.7(b)展示的搜索会话包含由查询词及其前缀组成的共计 100 个字符串，横坐标代表各个字符串在会话层 RNN 结构中对应的隐含单元。可以看到，图 8.7(a)和图 8.7(b)的左端横向相邻的两个方格颜色对比较为强烈，说明方格对应的排序因子的值不稳定，反映出 BRNN 和 PRNN 在搜索会话开始时均在竭力揣测用户的查询意图。此时，隐含层的状态波动较大。BRNN 经过约 40 个字符串才理解了用户的查询意图，并开始输出一个相对稳定清晰的隐含单元状态。与此同时，由于有用户层 RNN 结构提供初始化信息，PRNN 仅根据前 4 个字符串就捕捉到了用户的查询意图。除此之外，相对于 BRNN，PRNN 对用户查询意图的变化更加敏感。它在整个搜索会话中一共检测到 4 次查询意图的调整(x 轴)，即 16～20、34～38、53～67、82～86。然而，BRNN 仅识别了两次查询意图的波动(x 轴)，即 61～64、81～98。实验结果表明，加入用户层 RNN 结构后，PRNN 能将用户的兴趣偏好和行为特征无缝传递到后续用户行为建模和查询词排序中，因此 PRNN 不但能更加准确地识别用户的查询意图，而且能生成个性化的查询词推荐列表。

接下来，观察加入注意力机制前后用户层隐含单元状态发生的变化，如图 8.7(c)和图 8.7(d)所示。随机选取的用户共有 104 个搜索会话，横坐标代表各个搜索会话在用户层 RNN 结构中对应的隐含单元。可以看到，图 8.7(c)中相邻方格在横向深浅对比较强，总体分布较为杂乱；图 8.7(d)中相邻方格在横向深浅对比较弱，总体分布较为规整。这说明，相比 PRNN，A-PRNN 中用户层隐含单元的值更为稳定，反映出 A-PRNN 对用户兴趣偏好和行为习惯的建模能得到较为一致的结果。此外，按照从左至右的方向分别观察这两幅图，可以发现 A-PRNN 中两个相邻方格的深浅变化更为平缓，从深色到浅色的突变情况出现得更少。这说明，随着注意力机制的引入，A-PRNN 在理解用户查询意图时能减少干扰词的影响，突出用户重点关注的内容，更恰当地描述用户查询意图随时间的变化情况，更有针对性地提供查询词。

3. 搜索会话长度对模型排序性能的影响

为了回答研究问题 RQ3，按照当前查询时刻的搜索会话长度将各个模型的排序结果分为 3 组，即短搜索会话(1～2 个查询词)、中等搜索会话(3～4 个查询词)、长搜索会话(5 个及以上查询词)。各个排序模型在不同搜索会话长度下的排序性能如图 8.8 所示。

可以看到，搜索会话的长度的确对各个模型的排序准确率造成一定的影响。总体而言，当前查询时刻的搜索会话长度越长，模型的排序准确率越高。虽然同

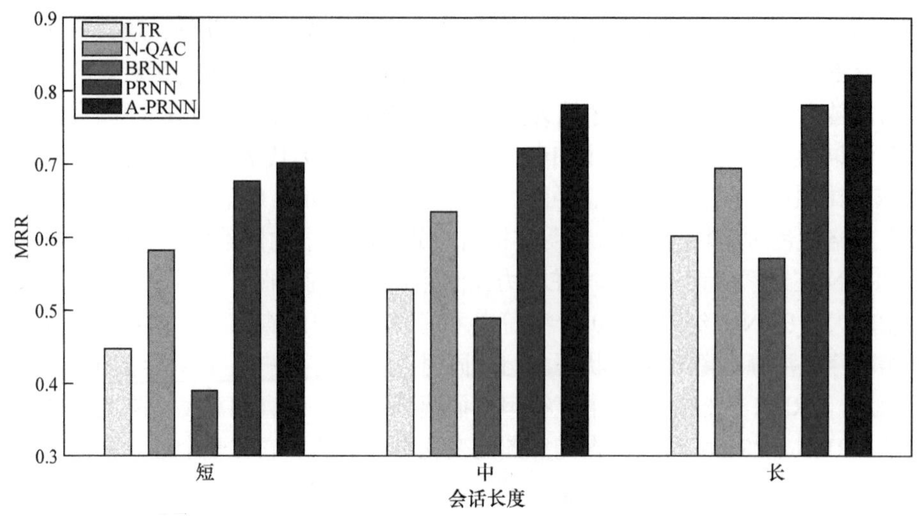

图 8.8　各个排序模型在不同搜索会话长度下的排序性能

一排序模型在不同搜索会话长度下的 MRR 有所变化，但是相同搜索会话长度下 5 个排序模型 MRR 的相对大小是一样的，即 BRNN < LTR < N-QAC < PRNN < A-PRNN，这与表 8.3 中的实验结果相一致。除此之外，LTR 与 N-QAC、BRNN 与 LTR、BRNN 与 N-QAC 之间的 MRR 差值均随着搜索会话长度的增加而减少，PRNN 和 A-PRNN 分别相对于 LTR 和 N-QAC 的 MRR 差值也表现出相似的变化趋势。由此可见，当搜索会话长度较短时，相比其他 3 个排序模型，PRNN 和 A-PRNN 的双层 RNN 结构使它们能够从用户的搜索历史中连续地提取兴趣偏好和行为习惯的信息，并将其应用于理解当前时刻用户的信息需求，从而提升排序的准确率，拉大 MRR 的差距。随着用户不断提交新的查询词，理解用户查询意图的难度逐渐降低，因此各个排序模型的性能逐渐接近，MRR 的差距逐渐缩小。值得一提的是，A-PRNN 在所有搜索会话上的 MRR 均高于 PRNN，这再一次证明在模型中加入注意力机制能进一步提升排序的准确性。

8.5　本 章 小 结

本章针对基于机器学习的排序模型无法模拟复杂用户行为的问题，开展基于神经网络的个性化查询推荐方法的研究，并分别提出三个排序模型，即 BRNN、PRNN、A-PRNN。BRNN 利用最基础的单层 RNN 结构，对用户在一个搜索会话内的顺序行为进行建模。PRNN 在 BRNN 的基础上增加了一层 RNN 结构，表征用户的兴趣偏好，使它在排序中能同时利用用户的短期和长期搜索历史。A-PRNN 在 PRNN 的结构中加入了注意力机制，能够捕获用户的重点关注内容，并在排序中减少干扰词造成的不良影响。实验结果显示，本章提出的个性化排序模型的性能明显优于基准模型，说明了应用神经网络解决查询推荐问题的可行性和光明前景。

参 考 文 献

[1] Jiang J Y, Ke Y Y, Chien P Y, et al. Learning user reformulation behavior for query auto-completion//Proceedings of the 37th International ACM SIGIR Conference on Research and Development in Information Retrieval, 2014: 445-454.

[2] Cai F, de Rijke M. Learning from homologous queries and semantically related terms for query auto completion. Information processing and Management, 2016, 52(4): 628-643.

[3] Jiang J Y, Cheng P J. Classifying user search intents for query auto-completion//Proceedings of the 2016 ACM International Conference on the Theory of Information Retrieval, 2016: 49-58.

[4] Mitra B, Craswell N. Neural models for information retrieval. https://arxiv.org/abs/1705.01509 [2021-10-07].

[5] Hidasi B, Karatzoglou A, Baltrunas L, et al. Session-based recommendations with recurrent neural networks. https://arxiv.org/abs/1511.06939[2022-01-08].

[6] Tan Y K, Xu X, Liu Y. Improved recurrent neural networks for session- based recommendations//Proceedings of the 1st Workshop on Deep Learning for Recommender Systems, 2016: 17-22.

[7] Zhang A, Goyal A, Kong W, et al. AdaQAC: Adaptive query auto-completion via implicit negative feedback//Proceedings of the 38th International ACM SIGIR Conference on Research and Development in Information Retrieval, 2015: 143-152.

[8] Mitra B. Exploring session context using distributed representations of queries and reformulations//Proceedings of the 38th International ACM SIGIR Conference on Research and Development in Information Retrieval, 2015: 3-12.

[9] Park D H, Chiba R. A neural language model for query auto-completion//Proceedings of the 40th International ACM SIGIR Conference on Research and Development in Information Retrieval, 2017: 1189-1192.

[10] Fiorini N, Lu Z. Personalized neural language models for real-world query auto completion//Proceedings of the 2018 Conference of the North American Chapter of the Association for Computational Linguistics: Human Language Technologies, 2018: 208-215.

[11] Hidasi B, Karatzoglou A, Baltrunas L, et al. Session-based recommendations with recurrent neural networks. https: //arxiv.org/abs/1511.06939[2021-09-10].

[12] Srivastava N, Hinton G, Krizhevsky A, et al. Dropout: a simple way to prevent neural networks from overfitting. Journal of Machine Learning Research, 2014, 15(1): 1929-1958.

[13] Hidasi B, Quadrana M, Karatzoglou A, et al. Parallel recurrent neural network architectures for feature-rich session-based recommendations//Proceedings of the 10th ACM Conference on Recommender Systems, 2016: 241-248.

[14] Quadrana M, Karatzoglou A, Hidasi B, et al. Personalizing session-based recommendations with hierarchical recurrent neural networks//Proceedings of the Eleventh ACM Conference on Recommender Systems, 2017: 130-137.

[15] Li J, Ren P J, Chen Z M, et al. Neural attentive session-based recommendation//Proceedings of

the 2017 ACM on Conference on Information and Knowledge Management, 2017: 1419-1428.

[16] Cho K, van Merrienboer B, Gulçehre Ç, et al. Learning phrase representations using RNN encoder-decoder for statistical machine translation. https://arxiv.org/abs/1406.1078[2019-10-10].

[17] Pass G, Chowdhury A, Torgeson C. A picture of search//Proceedings of the 1st International Conference on Scalable Information Systems, 2006: 1-7.

[18] Shokouhi M. Learning to personalize query auto-completion//Proceedings of the 36th International ACM SIGIR Conference on Research and Development in Information Retrieval, 2013: 103-112.

[19] Duchi J, Hazan E, Singer Y. Adaptive subgradient methods for online learning and stochastic optimization. Journal of Machine Learning Research, 2011, 12: 2121-2159.

第 9 章　总结与展望

本书介绍了信息检索中个性化查询推荐的相关理论和方法。个性化信息服务以提升每个用户的信息服务体验为目标，为每个用户提供兴趣偏好的信息。个性化信息服务不仅需要考虑信息与查询词的匹配程度，还需要重视用户个体信息需求的差异。因此，个性化查询推荐是实现精准信息服务的关键，可以有效提高用户使用的满意度。

9.1　研究总结

在第 2 章中，首先基于概率图模型，对用户的检索历史进行挖掘，将用户查询记录和查询语义相结合，对个性化查询推荐进行建模。同时，考虑用户不同的查询行为反映用户不同的查询意图，因此结合对用户行为的分析，建立基于用户行为分析的个性化查询推荐模型。用户的查询行为包括用户输入的查询词，用户的点击行为，以及用户输入两个查询之间的时间间隔，这些用户查询行为可以为个性化查询推荐提供丰富的信息。通过建模分析，回答以下研究问题。

(1) 基于用户行为分析的个性化查询推荐模型较现有的方法，是否能够提高查询推荐的性能?

(2) 在基于用户行为分析的个性化查询推荐模型中，用户的长期查询行为和短期查询行为对模型的影响如何，即模型中参数的变化对模型性能的影响如何?

(3) 在基于用户行为分析的个性化查询推荐模型中，用户的行为因素和输入的查询因素对模型的影响如何，即模型中参数的变化对模型性能的影响如何?

实验结果表明，基于用户行为分析的个性化查询推荐模型可以实现对用户长短期行为的有效建模，并显著提高查询推荐的准确性。同时也发现，如果该模型仅仅考虑用户的短期搜索历史，性能要优于仅仅考虑用户的长期搜索历史。这表明在个性化查询推荐中，更多地考虑用户的短期搜索历史会带来更好的性能，这也是因为在同一个查询会话中，用户表达的查询主题基本相似，因此短期的查询记录更能贴近用户的查询意图。

第 3 章创新地提出将信息检索中多样化和个性化相结合，对查询推荐方法进行改进的工作，并建立相应的模型，同时进行了详细分析。首先，介绍用 LDA 主题模型产生查询-主题分布的算法，并处理异常查询，即没有点击行为的查询算法。然后，建立基于贪婪算法的查询推荐多样化模型。结合贪婪选择规则，通过每一次计算，选取相应的查询推荐候选项加入推荐列表，实现对初始列表的重排序，同时保证查询推荐列表包含的主题尽可能多。最后，在该模型的基础上将特定用户的行为信息考虑进来，即个性化信息，建立结合多样化和个性化的查询推荐模型，即 PQSD 模型。此外，我们对模型中每个部分的计算进行详细的理论推导和分析。通过建模分析，回答以下研究问题。

(1) 结合多样化和个性化的查询推荐模型较现有的方法，是否能够提高查询推荐的性能？

(2) 不同个性化策略的选择对模型的影响如何，即关于长期查询记录和短期查询记录中采用所有查询还是点击查询对 PQSD 模型性能的影响如何？

(3) 不同的多样化和个性化权重设置对模型的性能有什么影响，即模型中参数的变化对模型性能的影响如何？

(4) 随着查询推荐个数的增加，模型的性能变化如何，即模型对查询推荐个数这个参数的敏感性如何？

实验结果表明，该模型能够有效提高查询推荐的准确性和查询推荐列表的多样性。同时发现，α-nDCG@10 指标变化上和 MRR 相似。较 MRR 指标的变化，PQSD 模型在每个查询位置上，α-nDCG@10 指标提高的幅度更大。总的来说，不论是用户的长期查询记录，还是用户的短期查询记录，具有点击行为的查询更能体现用户的查询意图，同时也更能提高 PQSD 模型推荐的准确率和多样化指标。

第 4 章针对目前查询推荐方法中因没有考虑查询词频率的非周期性激增趋势，而无法及时推荐时效性查询词的问题，开展了基于查询词时敏特征的个性化查询推荐方法的研究，具体完成了三项主要工作。其一是利用傅里叶变换方法分析查询词频率的周期性时敏特征，并根据其变化规律预测查询词的未来频率。其二是利用 MA 方法检测查询词频率的非周期性时敏特征，根据这一短期激增趋势预测查询词频率的激增幅度。其三是提出一个排序模型将两个预测的时敏特征结合起来对候选查询词进行排序，使查询词频率的时敏特征得到充分利用。主要研究了以下问题。

(1) 基于查询词频率周期性时敏特征的排序模型 P-QAC 是否能提高查询词的推荐准确率？

(2) 同时利用周期性和非周期性时敏特征的排序模型与 P-QAC 相比，在推荐性能上是否得到提升？

(3) 在检测查询词频率激增趋势时采用不同的方法，即 SMA 和 WMA，对最终排序结果有何影响？

(4) 滑动窗口的长度对排序模型的性能有何影响？

通过在公开数据集上进行的一系列实验，证实了提出的查询推荐排序模型相比基准模型能更加准确地捕获用户对信息的时效性需求，并通过推荐与之相关的查询词显著提高排序的准确率。此外，我们还对影响排序模型性能的因素进行了详细的分析。

第 5 章针对目前查询推荐方法中将地理查询词等同为普通查询词，而忽略了其中包含的特殊语义信息和限定条件的问题，开展对于地理位置敏感的个性化查询推荐方法的研究。本章对两类不同的地理信息查询词进行分析，并计算了查询词和用户关注模型的地理位置概率分布。为了使推荐查询词的准确率达到最大，在构建排序模型时综合考虑三个排序标志，即查询词的预测频率、用户的搜索历史、用户的地理兴趣偏好。主要研究以下问题。

(1) 相比基准排序模型，本书提出的 LS-QAC 排序模型在推荐准确率上是否更胜一筹？

(2) LS-QAC 排序模型对地理查询词和普通查询词的推荐性能如何？

(3) LS-QAC 排序模型中的权重参数对模型的性能有何影响？

通过在一个真实的数据集上进行实验，并与其他排序模型进行比较，验证了提出的排序模型在性能上的优越性。相比基准排序模型，本书提出的 LS*排序模型不但在普通查询词集合和地理查询词集合上均取得最佳的排序性能，而且对地理查询词的推荐结果要比普通查询词更为准确。具体来说，LS*在地理查询词集合上的 MRR 比普通查询词集合高出 0.02，SR@3 的提升更是接近 0.03。实验结果表明，在查询词层面，LS*的确能准确识别地理查询词并提取其中包含的地理信息；在用户层面，LS*能从用户的搜索历史中挖掘用户的地理兴趣偏好，找到更符合用户地理信息需求的查询词，并将其排列在推荐列表靠前的位置，从而节省用户查询时间，改善用户体验。

第 6 章针对个性化查询推荐中的用户数据稀疏性问题，开展基于用户主题兴趣的查询推荐方法研究，采用的主要思路是利用相似用户的搜索记录作为补充数据建立目标用户的关注模型。首先，在用户建模过程中利用主题模型挖掘用户的主题兴趣偏好，然后采用聚类方法将主题兴趣相似的用户聚集成群。由于传统的主题模型在用户建模时采用的硬聚类方法不能客观地反映用户主题兴趣的多元化，因此我们提出 CTM。CTM 采用软聚类的思想，将相似用户的聚类融入主题建模过程，并以一定的概率将用户分配至多个相似用户群。此外，为了获得最优的排序性能，计算排序得分时，我们结合了候选查询词的预测频率及其与相似用户历史查询词之间的相似度。主要研究以下问题。

(1) 基于用户主题兴趣的个性化排序模型与基准排序模型相比，是否具有更高的推荐准确率？

(2) CTM 比传统主题模型在最终的排序性能上是否更优？

(3) 查询词的频率得分和查询词的相似度得分这两个排序标志在排序中哪个更为重要？

(4) 相似用户群的数量对排序模型的性能有何影响？

(5) 基于用户主题兴趣的排序模型是否缓解了个性化查询推荐中用户数据的稀疏性问题？

在一个真实数据集上的实验结果表明，本书提出的排序模型在推荐准确率上明显优于基准模型。这证实了利用相似用户的搜索历史能有效缓解个性化查询推荐中的数据稀疏性问题。同时，在排序准确性上，利用相似用户搜索历史进行排序的模型，比仅使用用户自身的搜索历史进行排序的基准模型更为优越。此外，利用 CTM 对用户进行聚类，能妥善应对查询推荐中用户数据的稀疏性问题，并且使对应的排序模型显示出更稳定的推荐性能。

第 7 章针对目前查询推荐方法以搜索会话作为分析用户的信息需求的基本单元，无法处理复杂检索任务的问题，开展了面向复杂检索任务的查询推荐方法的研究。其一是对搜索会话和检索任务进行形式化定义，给出用户搜索历史的层次结构，并提出检索任务的识别方法。其二是从搜索历史、检索任务、搜索会话和查询词四个层次提出若干排序特征，从而识别与检索任务相关的查询词。其三是利用机器学习方法预测候选查询词与当前检索任务的相关度，对初始排序列表进行重新排序。主要研究以下问题。

(1) 相比基准排序模型，本书提出的 Task-QAC 排序模型能否提高查询词推荐的准确率？

(2) 对于简单检索任务和复杂检索任务的查询词推荐性能如何？

(3) 在 Task-QAC 中各个排序特征的重要性如何？

通过在一个真实的数据集上进行一系列实验，证明了本书提出的排序特征能有效识别与检索任务相关的查询词，并将它们排在靠前位置，从而为用户完成复杂的检索任务提供有效支持。同时，Task-ALL 对简单检索任务和复杂检索任务的查询词推荐成功率均远高于 LTP，表明 Task-ALL 中的排序特征能准确识别与当前检索任务有关的查询词，从而帮助用户完成不同复杂程度的检索任务。此外，还发现两个排序模型在复杂检索任务集合上的 SR@k 均小于简单检索任务集合。这是由于复杂检索任务通常包含了多个方面，并且时间跨度较长，对其进行查询推荐的难度更大。相较于简单检索任务，LTR 在复杂检索任务中的 SR@k 平均减少 0.024，而 Task-ALL 减少 0.013。这说明，Task-ALL 对于不同复杂程度的任务都能给出比 LTR 更准确的查询词推荐列表，具有较好的鲁棒性。

第 8 章针对基于机器学习的排序模型无法模拟复杂用户行为的问题，开展基于神经网络的个性化查询推荐方法的研究，并提出三个排序模型，即 BRNN、PRNN、A-PRNN。BRNN 利用最基础的单层 RNN 结构，对用户在一个搜索会话内的顺序行为进行建模。PRNN 在 BRNN 的基础上增加了一层 RNN 结构，用来表征用户的兴趣偏好，使它在排序中能同时利用用户的短期和长期搜索历史。A-PRNN 在 PRNN 的结构中加入了注意力机制，能够捕获用户的重点关注内容，并在排序中减少干扰词造成的不良影响。主要研究以下问题。

(1) BRNN、PRNN 和 A-PRNN 的排序准确性是否优于基准排序模型?

(2) 用户层 RNN 结构和注意力机制会给排序模型带来怎样的影响?

(3) 搜索会话的长度对各个排序模型的性能有何影响?

实验结果显示，本书提出的个性化排序模型的性能明显优于基准模型，说明了应用神经网络解决查询推荐问题的可行性和光明前景。

9.2　研究展望

本书展示的工作为信息检索中个性化查询推荐提供了一些见解和算法。除了上述研究发现和结论，本书还指出未来的若干工作方向如下[1-20]。

(1) 在对用户行为进行分析，进行个性化查询推荐的方法中，可以结合更多的用户账户信息，如用户的个人信息(年龄、职业等)。针对一些新用户，当无法获取查询记录时，根据用户账户信息，找寻与其相似度最高的用户，实现个性化的查询推荐，从而提高查询推荐的准确率。

(2) 在对查询进行分析时，不仅可以用主题模型来分析查询的主题相关性，还可以结合相关实体领域的研究，对查询的相关性进行分析。在用户输入的查询中往往存在查询实体。通过对查询实体的抽取和挖掘，并结合对实体之间关系的分析，将其应用到个性化查询推荐方法中，对提高查询推荐的质量有着重要的意义。

(3) 在查询词相关度判断上，本书主要以用户的点击行为这一显性反馈信息作为相关度判断的唯一标准。实际上，用户的浏览时间和眼动的轨迹、鼠标的移动速度等隐性反馈信息也能作为判断查询词是否相关的依据。因此，在下一步的工作中，可以开展用户隐性反馈信息的搜集和利用，并将它们与显性反馈信息，以及其他用户信息相结合，构建个性化的查询推荐排序模型，进一步提高排序的准确率。

(4) 在基于用户主题兴趣的个性化排序模型的研究中，本书主要利用主题模型和聚类方法从用户的搜索记录中挖掘主题兴趣相似的用户群。用户的社交网络中直接包含相似用户的群组信息，并且这些信息比通过挖掘得来的群组更准确、更符合用户的现实需求。因此，在下一步工作中，可以研究利用用户的社交网络信息解决查询推荐排序问题，为进一步解决用户建模过程中的数据稀疏性问题提供可行的方案。

(5) 在基于神经网络的个性化排序模型的研究中，本书以 RNN 为基础网络结构对用户在搜索过程中的顺序行为进行建模。除此之外，还有其他神经网络结构，如卷积神经网络、变分自编码器、生成对抗网络等，它们能从不同的角度以不同的方式挖掘查询词之间、用户与查询词之间的关联关系。因此，在下一步工作中，可以使用不同的神经网络结构来解决查询推荐排序问题，探索神经网络在查询推荐研究中更多的应用可行性。

(6) 查询推荐的研究包括候选查询词的生成和排序两个方面。本书以信息系统搜索日志中出现的历史查询词作为候选查询词的来源，主要研究查询词的排序问题。虽然在大多数情况下，本书提出的排序模型能够推荐与用户输入前缀匹配的查询词，但是在实际搜索过程中，用户也可能提交从未出现在搜索日志中的查询词，本书提出的排序模型将无法推荐合适的补全查询词。因此，在下一步工作中，可以开展候选查询词生成的研究，并将查询词的生成与排序融入模型之中，以适应不同的搜索情况，提高用户的满意度。

参考文献

[1] 陈洪辉, 陈涛, 罗爱民, 等. 指挥控制信息精准服务. 北京: 国防工业出版社, 2015.

[2] 蔡飞, 陈洪辉, 蒋丹阳, 等. 查询推荐理论与方法. 北京: 科学出版社, 2017.

[3] Cai F, Wang S Q, de Rijke M. Behavior based personalization in web search. Journal of the Association for Information Science and Technology, 2017, 68(4): 855-868.

[4] Cao H, Jiang D X, Pei J, et al. Context-aware query suggestion by mining click-through and session data//Proceedings of the 14th ACM SIGKDD International Conference on Knowledge Discovery and Data Mining, 2008: 875-883.

[5] Chapelle O, Metlzer D, Zhang Y, et al. Expected reciprocal rank for graded relevance//Proceedings of the 18th ACM Conference on Information and Knowledge Management, 2009: 621-630.

[6] Clarke C L A, Kolla M, Cormack G V, et al. Novelty and diversity in information retrieval evaluation//Proceedings of the 31st Annual International ACM SIGIR Conference on Research and Development in Information Retrieval, 2008: 659-666.

[7] Craswell N, Szummer M. Random walks on the click graph//Proceedings of the 30th Annual International ACM SIGIR Conference on Research and Development in Information Retrieval, 2007: 239-246.

[8] Cui J W, Liu H Y, Yan J, et al. Multi-view random walk framework for search task discovery from click-through log//Proceedings of the 20th ACM International Conference on Information and Knowledge Management, 2011: 135-140.

[9] Guo J F, Cheng X Q, Xu G, et al. Intent-aware query similarity//Proceedings of the 20th ACM

International Conference on Information and Knowledge Management, 2011: 259-268.

[10] Huang C K, Chien L F, Oyang Y J. Relevant term suggestion in interactive web search based on contextual information in query session logs. Journal of the American Society for Information Science and Technology, 2003, 54(7): 638-649.

[11] Jiang D, Leung K W T, Vosecky J, et al. Personalized query suggestion with diversity awareness//2014 IEEE 30th International Conference on Data Engineering, 2014: 400-411.

[12] Kharitonov E, Macdonald C, Serdyukov P, et al. Intent models for contextualising and diversifying query suggestions//Proceedings of the 22nd ACM International Conference on Information & Knowledge Management, 2013: 2303-2308.

[13] Kruschwitz U, Lungley D, Albakour M D, et al. Deriving query suggestions for site search. Journal of the American Society for Information Science and Technology, 2013, 64(10): 1975-1994.

[14] Kurland O, Lee L. Corpus structure, language models, and ad hoc information retrieval// Proceedings of the 27th annual international ACM SIGIR Conference on Research and Development in Information Retrieval, 2004: 194-201.

[15] Leung K W T, Lee D L, Ng W, et al. A framework for personalizing web search with concept-based user profiles. ACM Transactions on Internet Technology, 2008, 11(4): 1-29.

[16] Li L, Yang Z L, Liu L, et al. Query-URL bipartite based approach to personalized query recommendation//AAAI Conference on Artificial Intelligence, 2008, 8: 1189-1194.

[17] Ma H, Yang H, King I, et al. Learning latent semantic relations from click through data for query suggestion//Proceedings of the 17th ACM Conference on Information and Knowledge Management, 2008: 709-718.

[18] Salakhutdinov R R, Mnih A. Probabilistic matrix factorization. Advances in Neural Information Processing Systems, 2007: 20.

[19] Sharma S, Mangla N. Obtaining personalized and accurate query suggestion by using agglomerative clustering algorithm and P-QC method. International Journal of Engineering Research and Technology, 2012, 1(5): 28-35.

[20] Shah C, Croft W B. Evaluating high accuracy retrieval techniques//Proceedings of the 27th Annual International ACM SIGIR Conference on Research and Development in Information Retrieval, 2004: 2-9.